ソウルの市民民主主義

日本の政治を変えるために

白石孝 編著
朴元淳（ソウル市長）ほか著

コモンズ

ソウルの市民民主主義◆目次◆

韓国全土

ソウル特別市
江原道
仁川広域市
京畿道
忠清北道
世宗特別自治市
慶尚北道
忠清南道
大田広域市
大邱広域市
全羅北道
慶尚南道
蔚山広域市
光州広域市
釜山広域市
全羅南道
済州道

ソウル特別市

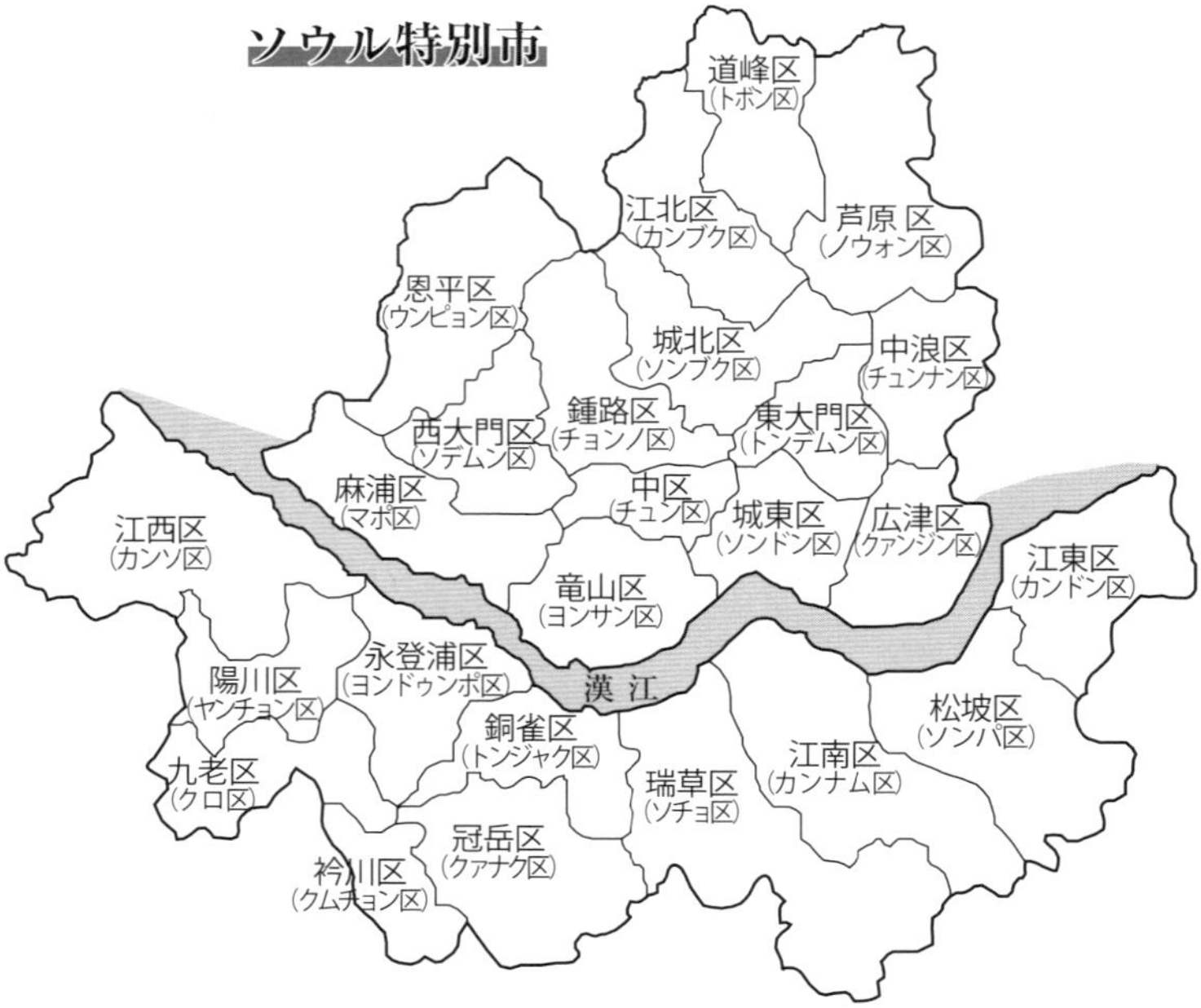
道峰区
（トボン区）
江北区
（カンブク区）
芦原 区
（ノウォン区）
恩平区
（ウンピョン区）
城北区
（ソンブク区）
中浪区
（チュンナン区）
鍾路区
（チョンノ区）
東大門区
（トンデムン区）
西大門区
（ソデムン区）
麻浦区
（マポ区）
中区
（チュン区）
城東区
（ソンドン区）
広津区
（クァンジン区）
江西区
（カンソ区）
竜山区
（ヨンサン区）
江東区
（カンドン区）
永登浦区
（ヨンドゥンポ区）
陽川区
（ヤンチョン区）
漢 江
松坡区
（ソンパ区）
銅雀区
（トンジャク区）
江南区
（カンナム区）
九老区
（クロ区）
瑞草区
（ソチョ区）
冠岳区
（クァナク区）
衿川区
（クムチョン区）

韓国の自治体制度の概要

1　地方自治法は1987年民主化の成果である

1988年　地方自治法全面改正
広域自治体と基礎自治体の区分化、事務配分基準を規定、自治体議会の権限を規定

1991年　広域自治体と基礎自治体議員の選挙(任期4年)

1995年　自治体首長の住民直接選挙実施(任期4年)

2　自治体の種別(2018年1月現在244)

自治体は「広域自治体」と「基礎自治体」に大別される。

(1)広域自治体(17)

①道(8)　京畿道、江原道、忠清北道、忠清南道、慶尚北道、慶尚南道、全羅北道、全羅南道

②特別自治道(1)　済州道　＊組織・運営上特例的扱い。行政市の済州市、西帰浦市がある。

③特別市(1)　ソウル特別市　＊首都

④広域市(6)　仁川市、大田市、大邱市、蔚山市、釜山市、光州市

⑤特別自治市(1)　世宗特別自治市　＊行政中心複合都市

(2)基礎自治体(227)　日本の市町村にあたる。

①8道内の75市、83郡

＊人口50万人以上の市は任意で一般行政区を置くことができ、京畿道水原市、慶尚南道昌原市などに33の区が設置されている。

②ソウル特別市と6広域市の69自治区

3　自治体の下部組織(2018年1月現在2076)

①市の下部組織――洞、邑、面、里

- 邑、面――日本の町と村に近いが、自治体ではなく、行政組織
- 里――邑、面の下に置かれる

②郡の下部組織――邑、面、里

③ソウル特別市と6広域市の自治区の下部組織――洞

④統、班――洞、里のさらに下部組織で、自治体ごとの設置条例などで規定(任意)

4　自治体の役割

①基礎自治体(市、郡、自治区)――住民の日常生活と密接な事務

②広域自治体(道、特別市、広域市)――基礎自治体では処理できない事務・広域的事務を処理し、中央政府と基礎自治体間の連絡調整を行う。

5　教育行政の独立性

「教育監」が、広域自治体の住民による直接選挙で選出される。基礎自治体には適用されない。教育監は執行機関で、審議・議決機関として教育委員会が別にある。

方のこと」(墨田区)とされる。韓国では、「官から民へ、中央から地方へ、疎外から参加へ」という文脈で、「統治から協治へ」と言われる。

傘下機関：ソウル市が100%出資している外郭団体で、以下の17。ソウルメトロ、ソウル都市鉄道公社(2017年に統合してソウル交通公社)、ソウル施設公団、ソウル市農水産食品公社、ソウル住宅都市公社、ソウル研究院、ソウル医療院、ソウル産業通商振興院、ソウル信用保証財団、世宗文化会館、ソウル市女性家族財団、ソウル文化財団、ソウル市福祉財団、市立交響楽団、ボランティアセンター、ソウルデザイン財団、ソウル奨学財団。

参与・参画：日本では「参加」が一般的だが、韓国では「参与・参画」という表現を用いる。参与は参加よりも積極的・能動的な概念で、参画に近い。盧武鉉大統領は「国民参与センター」や大統領秘書室に国民参与首席室を設置して、市民社会運動団体の声を制度的に取り上げようと努めた。本書で紹介する参与連帯の運動が、主体的な市民社会運動を象徴している。

市民社会運動：市民運動より社会全体や政治にコミットするという意味で、韓国では一般的に使用されている。

脆弱：権利や利益が保護されないがゆえに能力を発揮できない状態であり、強者に対する弱者ではない。政策的なサポートで改善が図られる。

マウル：もともとは町や村を意味する。朴元淳市政では、地域での協働や分かち合い、互助的ネットワークという意味を付与し、積極的に政策誘導している。

民主派・進歩派・左派：民主派は中道リベラルで、民主主義を基調とする。進歩派・左派は民主派より左に位置し、民族問題の解決を優先視しながら民主大連合路線をとる民族解放派と、階級問題を優先視し労働者・民衆の独自の政治勢力化を追求する民衆民主派に大別される(金世均「韓国進歩運動の現況と展望」)。

連帯：日本に比べて、ある課題や分野に関して団体や個人がネットワークを構成し、目的を達成する運動的意味合いが強い。

分かち合い：暮らしのなかで分配を実践していくことに価値をおく考え方。

キーワード解説

革新：日本では主に政治潮流を示す用語だが、韓国では一般的に使用される。文在寅(ムン・ジェイン)大統領には8人の首席秘書官がおり、そのひとりは「社会革新首席秘書官」(河勝彰(ハ・スンチャン)元ソウル市政務副市長)。ソウル市にも「社会革新担当補佐官」が設置されている。ソウル市のホームページ(日本語版)では「イギリスのNPOでは、社会革新を『社会的目標とニーズに応える新しいアイデアをデザイン・開発・発展させるプロセス』と定義」し、「社会革新は社会問題を効果的で新しい方法をもって解決することであり、政府・企業・市民社会が協力してこそ実現可能」「社会革新こそ韓国の複雑で解決困難な問題を解決できる最高の方法」と解説している。本書では「改革」と言い換えたところもある。

キャンドル：2002年のヒョスン－ミソン追悼集会(京畿道楊州市の駐韓米軍基地に戻ろうとしていた装甲車が公道で女子中学生2名を轢き殺した事件)、04年の盧武鉉(ノ・ムヒョン)大統領弾劾反対集会、08年の米国産牛肉輸入反対集会などで、キャンドル集会が大々的に行われた。韓国では、代議政治がまともに機能せず、間違った方向へ向かうたびに、こうした街頭政治行動が起きる。2002年のキャンドル集会が行われたのは、年末の大統領選挙を控え、候補者たちが熾烈な戦いを繰り広げていた時期である。選挙の結果、「反米感情をもってはいけないのか？」と言った盧武鉉候補が当選。キャンドルに火を点した市民たちは、新たな大統領が不公平な韓米関係を正してくれるだろうと期待して、キャンドルの火を消した。2004年の総選挙では、1987年の民主化宣言以降、初めて民主派(中道系)が単独で過半数を占め、左派系政党からも10人が当選。国民は大統領に次いで、議会も民主改革勢力の支配下に置くことを選択したのである。市民たちは当時、「民主改革勢力が行政部と議会を掌握し、新たな政治が始まると考えた」(韓洪九(ハン・ホング)聖公会大学教養学部教授)という。

協治：朴元淳(パク・ウォンスン)ソウル市長は「革新と協治」を信条としている。日本では協治＝ガバナンスとは、「区民、地域団体、NPO、企業、区など多様な主体が、それぞれ果たすべき責任と役割を自覚しながら、ともに考え、行動することで、地域の課題の解決を図ろうという社会のあり

政党の変遷

国会議員選挙の政党別当選者数							女性議員数
民主正義党 125	平和民主党 70	統一民主党 59	新民主共和党 35	ハンギョレ民主党 1		無所属 9	6
民主自由党 149	民主党 97	統一国民党 31	新政治改革党 1			無所属 21	3
新韓国党 139	新政治国民会議 79	自由民主連合 50	統合民主党 15			無所属 16	9
ハンナラ党 133	新千年民主党 115	自由民主連合 17	民主国民党 2	韓国新党 1		無所属 5	16
開かれたウリ党 152	ハンナラ党 121	新千年民主党 9	自由民主連合 4	民主労働党 10	国民統合21　1	無所属 2	39
ハンナラ党 153	統合民主党 81	自由先進党 18	親朴連帯 14	民主労働党 5	創造韓国党 3	無所属 25	41
セヌリ党 152	民主統合党 127	統合進歩党 13	自由先進党 5			無所属 3	49
共に民主党 123	セヌリ党 122	国民の党 38	正義党 6			無所属 11	51
共に民主党 120	自由韓国党 107	国民の党 40	正義党 6	正しい政党 11	セヌリ党 1	無所属 5	

※網掛は 2017 年 5 月現在の政党別議員数　　※ゴシックは与党

選挙

時　期	立候補者	政　党	得票数	得票率(%)
2007 年 12 月	李明博	ハンナラ党	11,492,389	48.70
	鄭東泳	大統合民主新党	6,174,681	26.10
	李会昌	無所属	3,559,963	15.10
	文国現	創造韓国党	1,375,498	5.80
	権永吉	民主労働党	712,121	3.00
2012 年 12 月	朴槿恵	セヌリ党	15,770,910	51.55
	文在寅	民主統合党	14,689,975	48.02
2017 年 5 月	文在寅	共に民主党	13,423,800	41.08
	洪準杓	自由韓国党	7,852,849	24.03
	安哲秀	国民の党	6,998,342	21.41
	劉承旼	正しい政党	2,208,771	6.76
	沈相奵	正義党	2,017,458	6.17

韓国の主要

	大統領	総選挙	自治体選挙	左派系	中道系（民主派）	保守系
1987	※ 6.29 民主化宣言				平和民主党　統一民主党	新民主共和党　民主正義党
1988	盧泰愚	総選挙				
1989						
1990						民主自由党
1991			議員のみ		新民主連合党	
1992		総選挙			民主党	統一国民党
1993	金泳三					
1994						
1995			第 1 回同時		新政治国民会議←統合民主党	新韓国党　自由民主連合
1996		総選挙				
1997						ハンナラ党
1998	金大中		第 2 回同時			
1999						
2000		総選挙		民主労働党	新千年民主党	
2001						
2002			第 3 回同時			
2003	盧武鉉				開かれたウリ党	
2004		総選挙				
2005					民主党	
2006			第 4 回同時			
2007					大統合民主新党	
2008	李明博	総選挙		進歩新党	統合民主党→民主党	自由先進党
2009						
2010			第 5 回同時			
2011				統合進歩党	民主統合党	
2012		総選挙		正義党		セヌリ党
2013	朴槿恵			労働党		
2014			第 6 回同時	（統合進歩党解散）	新政治民主連合	
2015						
2016		総選挙				
2017	文在寅					
2018			第 7 回同時	民衆党	共に民主党　国民の党	自由韓国党　正しい政党

※同時＝議員と首長

韓国の大統領

時　期	立候補者	政　党	得票数	得票率（%）
1987 年 12 月	盧泰愚	民主正義党	8,282,738	36.60
	金泳三	統一民主党	6,337,581	28.00
	金大中	平和民主党	6,113,375	27.00
	金鍾泌	新民主共和党	1,823,067	8.10
1992 年 12 月	金泳三	民主自由党	9,977,332	42.00
	金大中	民主党	8,041,284	33.80
	鄭周永	統一国民党	3,880,067	16.30
	朴燦鐘	新政治改革党	1,516,047	6.40
1997 年 12 月	金大中	新政治国民会議	10,326,275	40.30
	李会昌	ハンナラ党	9,935,718	38.70
	李仁済	国民新党	4,925,591	19.20
2002 年 12 月	盧武鉉	新千年民主党	12,014,277	48.91
	李会昌	ハンナラ党	11,443,297	46.59
	権永吉	民主労働党	957,148	3.90

第1章　ソウル市の市民民主主義革命

白石　孝

❶　はじめのはじめに

２０１１年10月26日は、韓国現代政治史にとって重要な日になるだろう。それは、首都ソウル特別市（以下「ソウル市」という）の市長選挙（前市長の辞職による）が行われ、野党統一候補として立候補した、弁護士で社会運動家の朴元淳（パク・ウォンスン）氏が当選した日だからである。

私は１９８７年に初めて訪ねて以来、訪韓は50回を超えている。とはいえ、韓国語は食堂での注文や文字を音読できる程度の初級レベル。韓国の情報や動向は、おのずから日本語訳された情報に頼るという情けない状態から上達していない。

２０１２年秋のある日、ソウル市が数千人もの非正規職を正規職に転換したうえに、「給料表」（韓国では「賃金テーブル」と呼ぶ）の適用や福利厚生手当まで支給している、という日本語訳情報に接し、驚きを禁じ得なかった。おりしも、11年3月に東京都荒川区役所を定年退職し、11月に「官製ワーキングプア研究会」をＮＰＯ法人として設立した1年後である。日本の非正規公務員と正規公務員の大きな格差の壁にどう立ち向かうか思案していた矢先だった。

日本では１９８０年代から、第二次臨時行政調査会による行財政改革（会長の名前から「土光臨調」と呼ばれる）が国も自治体も席巻。行財政改革は時の流れ、世論と化し、異を唱える者は「国賊」扱いされるほどだった。また、社会党・総評ブロック解体（89年の連合結成、96年の社会民主党への改称）以降の革新や中道の基本政策における混乱ぶりに、多くの市民が政策選択や検討をまともに行えない状況が続いている。それに対して、ソウル市の自治体政策が日本の混迷に多大な示唆を与える道を歩み始めたことに、驚愕すると同時に距離感も感じた。

だが、この正規職への転換は序章でしかないことが、以後の政策展開で次々と明らかになっていく。２０１１年10月26日は、その幕開けの日だったのだ。

本書は、韓国に関する専門書でも研究書でもない。私は、韓国・朝鮮の専門家とは縁遠い日本の社会運動家である。だから、韓国やソウル市の研究者の本や論文をそのまま紹介するわけではない。私たち、そして日本の社会をより良い方向に変えていこうとする多くの人びとが、日本で何にどう取り組んでいくかのヒントや素材の提供を目指している。

韓国の政治家と交流したり、社会運動や労働運動を調査している関係者は、決して少なくない。そうした人たちによるソウル市政やキャンドル市民革命の紹介のほうが、詳細な分析という点ではふさわしいかもしれない。本書では、現在の日本社会の閉塞状況を打開するために、社会運動の視点に立ってソウル市の政策や私たちが学ぶべきことを述べていきたい。

2 画期的な市長選挙

このソウル市長選挙には二つの大きな特徴があった。

普遍主義か選別主義か

ひとつは、選挙の発端が「学校給食の無償化」をめぐっての攻防だったことだ。「無償化」という言葉はいまの日本でもしばしば使われているが、吟味すると所得制限が含まれているなど偽物が多く、本物の無償化にはなかなか出会わない。

2011年8月24日、ソウル市の公立小・中学校の給食について、所得制限付き無償化か完全無償化かを市民が選択する住民投票が行われた。当時の呉世勲(オ・セフン)市長は、住民投票が無効となった場合は辞職することを表明。所得制限導入反対の野党・民主党(政党名は当時の名称。以下も同じ)や市民団体は、住民投票を成立させないために、投票ボイコットを呼びかける戦術を採った。反対運動は功を奏し、投票率は25・7%。投票成立に必要な3分の1に達せず、開票されなかった。投票日から2日後の26日、呉市長は辞職を表明。これを受けて市長選挙が2カ月後に行われたのだ。

首都の首長選挙の最大の争点は、公立小・中学校の学校給食の無償化をめぐってだった。東京都知事選挙や大阪府知事選挙での最大争点が、築地市場や大阪府と大阪市の二重行政を解消する大阪都構想だったことと比較すれば、ソウル市の争点は日本ではにわかに信じられない。しかも、その意味がきわめて重要であることは、ほとんど理解されないだろう。

表面的には、教育経費負担のあり方に関する選択である。だが、本質的には、教育や医療、住宅、福祉など日常生活に関わる分野を無償化する普遍主義を選択するのか、所得に応じた負担を求める選別主義を選択するのかというケーススタディと捉えられる。それは、とりもなおさず「大きな政府」か「小さな政府」かの選択とも言える。

日本では政党の基本政策に矛盾や混乱が大きく、自民党など保守政治家と旧民主党系の中道や左派政治家の政策に区別がつきにくい。一方、韓国では李明博（イ・ミョンバク）、朴槿恵（パク・クネ）と2代続いた保守政権以降、保守派と民主派との政策的差異がはっきりしている。

候補者決定の可視化

もうひとつは、候補者の選び方である。

市長選挙の立候補届け出（韓国では登録という）は、投票日20日前の10月6～7日だった。したがって、8月26日の市長辞職から約40日間で立候補者を決めなければならない。決定後が公式的運動期間とすれば、この40日は実質的な運動期間である。

保守のハンナラ党は、市長辞職から30日後の9月26日に羅卿瑗（ナ・ギョンウォン）議員（党最高委員）を公認候補に決定。立候補を予定していた弁護士が出馬を取りやめ、保守統一候補となった。

これに対して民主派は、民主労働党が9月20日に崔圭曄（チェ・ギュヨプ）氏（新世界研究所所長）を候補に決定すると、翌日に朴元淳氏が立候補を表明。さらに、民主党が25日の党大会で朴映宣（パク・ヨンソン）議員（党政策委員会議長）を選出し、三者並立状態に至った。そこで、公職選挙法に規定されている予備選挙が実施されることになった。[1] 野党統一候補を選び、保守統一候補に勝つためである。

この予備選挙では、世論調査をはじめ、テレビ討論での「陪審員」による評価や市民投票で候補者が決定される。9月30日にテレビ討論、10月1～2日に世論調査が行われたうえで、3日に登録した市民約3万人の投票によって、朴元淳が統一候補に選出された（朴元淳52・15％、朴映宣45・57％、崔圭曄2・28％）。

韓国内ではこうした予備選挙に改善の余地があるとされ、無条件で評価されているわけではないが、日本では想定すらできない。たとえば、東京都知事選挙を見れば、それは明らかである。知名度が高い人物や政党内部での密室的やり取りで、有力候補者がいつの間にか決まっていく。だから、有権者は、政策や公約より、知名度や話題性、そして支持政党によって投票するしかない。しかも、それが懲りずに繰り返される。２０１４年２月と16年７月の東京都知事選挙における野党陣営での候補者選びの迷走は、その典型例だ。現都知事の瞬間的ブームも、政治風土のお粗末さを表している。

予備選挙で有名なのは、もちろんアメリカだ。大統領選挙だけでなく上院議員、下院議員、州知事、州議会議員の選挙まで、広く実施されている。候補者の選定過程が可視化されれば、公約の相違や争点がはっきりし、有権者の関心や政治意識が高まっていく。

韓国では、２０１７年５月に実施された大統領選挙でも、有力５党すべてで予備選挙が行われている。たとえば、５月９日の本選挙で当選した文在寅（ムン・ジェイン）氏を予備選挙で選出した共に民主党では、３月12日に予備選挙候補者が登録され、３月25日から各道・特別市・広域市で投票が始まり、４月８

日の決選投票で決定した。候補者は４人で、投票資格者数が２１４万４８４０人である。自由韓国党（旧セヌリ党）は、３月20日に候補者４人が登録され、党員による全国同時投票と国民対象の世論調査（２日間）を経て、３月31日の党大会で洪準杓（ホン・ジュンピョ）氏を候補者に決定した。

国民の党は、もともと新政治民主連合を文在寅らと一緒に設立していた安哲秀（アン・チョルス）氏が文らと対立して離党し、２０１６年１月に結成した当時の野党第２党で、４月６日に安に決定した。旧セヌリ党非主流派を中心に２０１７年１月に結成された保守第２党の正しい政党は３月28日に党大会で選出し、左派の正義党はいち早く２月16日に決定している。

有力５候補を軸に行われた本選挙の投票率は77・２％で、日本の国政選挙に比べて圧倒的に高い（有権者数４２４７万９７１０人、投票者総数３２８０万７９０８人）。当選した文在寅は１３４２万３８００票（得票率41・08％）を獲得し、洪準杓（７８５万２８４９票、得票率24・03％）、安哲秀（６９９万８３４２票、得票率21・41％）らに大差をつけた。ちなみに、正義党の女性候補者・沈相灯（シム・サンジョン）は２０１万７４５８票（得票率６・17％）で、左派として歴代候補者を大きく上回った。

このように予備選挙が行われて有権者に選挙が可視化され、しかも民主主義教育が浸透していることは、日本と大きく異なる点である。加えて、インターネット選挙や後述するマニフェスト選挙が選挙への関心を高めている。

（1）公職選挙法によって、政党に属する者は政党の推薦を受けて立候補することができ、候補者推薦のための党内予備選挙を行うことができる。

朴元淳ソウル市長

3 市民の参画によって公約をつくる

3大公約と5大市政目標

朴元淳氏の公約は、選挙対策本部に集まった各分野の専門家や市民社会団体、支援団体などからなる政策チームが積み上げ式でつくっている。決して思いつきではない。

朴元淳氏は間髪入れないスピードで、公約をつくりあげていったという。2011年10月〜2014年6月の1期2年8カ月の公約[2]は、市民の最大関心事であり対立候補との争点でもあった3大公約と、5大市政目標、15大分野、327事業で構成されている。

3大公約は次のとおりだ。

①小・中学校給食の完全無償化

②ソウル市立大学の授業料半減

③公共部門で率先して非正規労働者を正規職化する

そして、5大市政目標として、①堂々と享受する福祉、②共に良く暮らす経済、③共に創造する文化、④安全で持続可能な都市、⑤市民が主体となる市政が設定された。この5大市政目標は、①市民福祉、②

住居の保障、③市民の健康、④女性・家族、⑤産業経済、⑥雇用経済、⑦文化・観光、⑧教育、⑨都市再生、⑩環境、⑪交通、⑫安全、⑬地域（マウル）共同体、⑭市民参加行政、⑮財政の15大分野に分けられ、それらが３２７の個別事業で構成されている。

公共部門の労働者の正規職化

ここでは、３大公約の③について詳しく紹介しよう。ソウル市役所で話を聞いたのは、朴元淳氏の支援団体の中心である民主労総（全国民主労働組合総連盟）の政策担当からソウル市労働補佐官に就任したチュ・ジヌ氏。市長選挙から1年8カ月後の２０１３年6月11日である。チュ氏は労働政策に関する公約の作成者として、選挙対策本部（韓国では「選挙キャンプ」と呼ばれる）に加わったという。

「朴元淳陣営では、労働政策の最も重要な公約として、公共部門の非正規労働者の正規職化を掲げました。民間部門のみならず、公共部門においても、とくにこの10年間に非正規職化、民間委託・外注化が急速に広がったからです。それらは、民間部門と同じように経費削減と効率化という理由で進められてきました。その結果、公共サービスの質の低下、公共部門で働く者の条件の劣悪化が起きています。私たちは、社会全般の問題を解決する糸口として、公共部門の正規職化が必要だと判断しました」

とはいえ、この段階ではまだ具体性と実現性が十分ではない。そこで、当選後にソウル市の公務員(3)も交

（2）韓国では市長辞職に伴う選挙で当選した場合、任期は前市長の残余期間である。
（3）韓国では主に行政職が「公務員」採用で、現業職は「労働者」契約である。したがって、日本で多く使われる「自治体職員」ではなく、「公務員」という呼称に、意味がこめられている。

えて、より実現可能な基本計画や実施計画などの政策に集約させていく。

「当選後は公約を実行するための準備に入り、ソウル市の公務員と一緒に議論を進めていきました。公約の発表時は、原則だけを示していました。その際の最も重要な原則は、常時持続的に行う仕事に就いている公共部門の非正規職員を正規職化することです。

韓国では、非正規労働者に関して2000年代なかばに、①業務内容や労働形態などで正規か非正規かを判断するか、②いま施行されている非正規労働者保護関連法(日本の労働契約法と類似している「期間制法」。詳しくは89ページ参照)のように、非正規職雇用2年という期間をおいて無期転換するか、という議論が行われました。ソウル市では、業務内容や労働形態などによって非正規職化を制限することにしました。正規職がやるべき仕事について、費用削減や管理の容易さから非正規職を充てたことが問題の深刻化を招いていると考えたからです。その結果、常時持続的な業務については正規職化するという原則を決めました。

公約の具体的な内容を作成して発表するまでに要した期間は、約6カ月です。2011年10月26日の当選翌日から作業を始めました。第一次対策(正規職転換)が発表できたのは12年4月30日です」

保守系新聞のネガティブキャンペーン

こうした朴元淳市長の取り組みに対して否定的な意見もあった。いずこもネガティブキャンペーンはつきものである。保守寄りとみられている『東亜日報(日本語版)』は、「朴元淳・新ソウル市長に願うこと」と題した社説(2011年10月27日)で、おおむね次のように論評した(わかりやすくするために、部分的に補足）。

「市民運動家からソウル市長に選ばれた朴元淳氏は、『長い間苦楽をともにしてきた』市民団体の活動家らを連れてソウル市に乗り込み、前市長が進めていた数々の事業を一から引っくり返すのではないかと懸念する声が、ソウル市民からあがっている。市政の経験に欠ける市民団体出身者が多数起用される場合、既存の公務員たちとの軋轢を招き、市政に混乱を引き起こしかねない。

今回のソウル市長選挙は、小・中学生の給食の全面的無償化について賛否を問う（住民）投票結果に対する責任を取る形で呉世勲市長が辞任したため、突然実施された。朴氏が十分な時間をかけて練った公約を出したとは言い難い。実際、朴氏が掲げた多くの公約は具体性に欠けていたし、当選後に再検討するというレベルだった。

朴氏は、選挙戦中の討論会で『市政の一貫性を重視する』と話した。市長が替わったからといって、前任市長の取り組みを全否定して覆せば市政が一貫性を失い、税金の浪費も深刻になる。いますぐ、（選挙の大きな争点である）ソウル市内を流れる漢江（ハンガン）ルネサンス事業について、何が見せかけ行政なのかを仕分けるのも容易ではない。客観性と専門性を認められている専門家と市民たちの意見を十分に聞いたうえで、合理的な結論を導き出すべきである。

新市長は、実現可能性が疑わしいか、ソウル市財政に大きな負担をかけるような公約については、再検討しなければならない。負債（借金）を７兆ウォン（７０００億円）も減らす（27ページ参照）と言う一方で、公共賃貸住宅を８万戸建設するという公約は、実現性が疑わしい。公共賃貸住宅の供給を担当するソウル住宅都市公社は、財政的に深刻な圧迫を受けている。しかも、過去30年間で建設された公共賃貸住宅は12万戸にすぎない。

市長は仕事で評価されるポストだ。朴氏は進歩左派陣営の全面的支持で当選したが、左右を分けたり、支持しなかった勢力を排斥することで、再び社会を分裂させるようなことがあってはならない」

この社説は、朴氏が当選した翌日に掲載された。保守系候補者が負けた腹いせ的記事としか言いようがない。どこかの国のマスコミのようだ。たしかに、急な選挙ではあった。だが、選対本部の政策チームが積み上げ、予備選挙を経たうえでの韓国型マニフェスト選挙であり、日本の選挙に比べれば格段に内容が濃い。

新大統領も市民参画で政策を決定

公約の策定から政策の具体化へという手法は、２０１７年4~5月に行われた大統領選挙でも共通している。文在寅大統領は5月9日の当選から1週間後の16日、「大統領直属国政企画諮問委員会設置」に関する青瓦台(大統領府)の見解を報道発表した。通常であれば「大統領業務引き継ぎ委員会」による一定期間の猶予を経て政権移行するが、今回は当選後すぐに大統領就任となる。この「弱点」を国民参加によって国政を実現する機会に活用しようと、「新政府の国政課題、目標および『国政運営5カ年計画』を国民が参加できる機構で、一定期間かけて策定する」という内容である。

報道資料によれば、「より充実した国政の設計と積極的国民主権実現の機会を活用するために、国政企画諮問委員会を企画」したという。約１７００万人が参加したキャンドル市民革命(第2章参照)と大統領選挙の過程で明らかになった国民的要求は、「国民主権の実質的実現」である。5月16日の閣僚会議で決定された「国政企画諮問委員会の設置および運営に関する規定」(大統領令)の内容を紹介しよう。

国政企画諮問委員会は通常の大統領業務引き継ぎ委員会の役割を代行し、政府の組織・機能、予算現況の把握、基本政策の策定などに関する大統領諮問機関の役割を担い、大統領直属で設置する。そして、国民の意見を積極的に反映して国政の目標とビジョンおよび課題を具体化し、国政運営5カ年計画を策定し、発表する。

委員長1人、副委員長3人、委員30人以内で構成され、政治・経済・社会など各界の専門家はじめ多様な人材が参加する。また、専門分野別に6分科会を設け、公約実施の方策や国政課題などを議論する。6分科会は、①企画、②経済1、③経済2、④社会、⑤政治・行政、⑥外交・安保とする。

また、主権者である国民が国政の主役になるべきだという大統領の哲学を反映して、国民参加と意思疎通を進めるため、誰でも容易に国政に参加できるようにする。具体的には、「訪ねて行く傾聴団(出前ヒアリング)」「国民とのタウンホールミーティング」「オンライン国民参加プラットホーム(ソーシャル・ネットワーキング・サービス＝SNSを活用した意見掲示板)」「現場政策受付(世宗路公園などに意見受付窓口を開設する)」など、オンライン・オフライン双方を活用する多様な意思疎通方式を活用する(カッコ内は筆者の説明)。

さらに、受け付けた政策アイデアを討論・評価するために、提案に参加した国民が直接、運営委員として参加できるようにする(運営委員は、政策提案に参加した国民、国政企画諮問委員会委員長が指名した委員、大統領秘書室関連首席秘書官によって構成する)。設置期間は、国政課題を具体化するために必要な50日(最長70日)間だが、終了後も主な国政諮問機構を運営し、国政課題を支障なく実行する計画である。

モデルはソウル市政

このように、ソウル市長選挙で行われた「公約も政策も市民参画でつくる」手法が新政権に踏襲され、文在寅大統領は7月19日、「100大国政課題」を当初予定どおりに発表した。国政企画諮問委員会がまとめた、文政権が5年間に推進しなければならない国政運営5カ年計画を、青瓦台の報道資料（脇田滋訳）に基づいて紹介する。

（1）国政運営5カ年計画は、①国家ビジョン、②国政の基本目標と戦略、③100大国政課題、④複合的な改革などで構成される。

（2）文政権の5年間は「どこに、何のために、いかにして進むのかを示す羅針盤になる国家ビジョン」として、「国民の国」「正しい大韓民国」を掲げる。

（3）「国民の国」は、国民が国の主人公であることを確認した「キャンドル運動の灯り精神」を実現し、国民主権の憲法理念を国政運営の基盤とする、新しい政府の実現を意味する。

（4）「正しい大韓民国」は、大韓民国のすべての制度が文政権の核心的な価値である「正義」の原則によって再構成されることを宣言する。

（5）国家ビジョンを達成するための実践戦略として、5大国政目標、20大国政戦略、100大国政課題を設定する。

（6）100大国政課題は、大統領選挙期間中に国民に約束した201の公約、892の詳細な公約の一つひとつをきめ細かに確認して選定した。

（7）内容が類似した公約は一つの国政課題に統合し、多様な独立した政策を包括する公約は複数の国政課題に分けた。

(8)大統領業務引き継ぎ委員会を通じて受け付けた国民の提案と、民生と直結する当面の国政の懸案課題も、政策に反映させた。

(9)100大国政課題とは別に、「新政府国政ビジョン」を明確にして、最優先事項として推進しなければならない「4大複合・改革課題」を選定した。すなわち、①良質な雇用創出と所得主導の成長、②人工知能(AI)など第四次産業革命への対応、③少子化の克服、④中央と地方の均衡発展という、韓国社会が解決を急ぐべき課題である。

(10)143の地域公約を履行するために、推進戦略と実践方策を用意する。

このように、2011年のソウル市と17年の大統領府で実現した、公約から政策策定へのプロセスと内容は、第2章で朴元淳市長が語っている市民民主主義と政府や自治体のあり方の具現化と言えよう。それは、朴市長が述べた「すべての権力は国民から生じる」(大韓民国憲法第1条)という大原則に加えて、参加民主主義と公開・透明な政治の実現である。保守系新聞のネガティブキャンペーンとは真逆の道を歩み始めたのがソウル市であり、韓国新政権なのだ。

4 マニフェスト選挙とマニフェスト実践本部

マニフェスト選挙の概要

市民参画とともに私の印象に強く残ったのは、「マニフェスト選挙」と公約達成の評価方法である。朴

趙誠柱前労働補佐官（左）と徐旺鎮政策首席秘書官（右）。二人ともノーネクタイだ

元淳市長再選直後の２０１４年７月８日にソウル市役所で行ったインタビューで、徐旺鎮（ソ・ワンジン）政策首席秘書官と趙誠柱（チョ・ソンジュ）前労働補佐官に、詳しく聞いた（通訳：鈴木明氏）。

――マニフェストの作成とマニフェスト実践本部について説明していただけますか？

韓国では、大統領をはじめ国会議員や自治体首長などでマニフェスト選挙が実施されています。朴元淳氏は立候補を決めると、まず「選挙キャンプ」（選対本部）を設置し、大学などの研究者と市民運動の専門家などで構成される政策チームを分野ごとに組織し、公約を作成しました。こうした公約には必ず、財源や財政計画が含まれます。さらに、ＳＮＳのコミュニティで市民から出された提案に対して市民が投票し、高い優先順位とされた提案を加えて公約化し、マニフェストとしてマニフェスト実践本部に登録しました。

マニフェスト実践本部は民間団体ですが、政策について長い間にわたって検証してきた組織です。各選挙において、候補者は定められた形式に則って登録しています。ただし、公選法によって定められているわけではないので、強制ではありません。でも、ほとんどの候補者は登録しています。

――作成して終わりではないのですね？

当選後は、公約に掲げた担当部局と選挙キャンプの専門家メンバーが擦り合わせのための委員会を設け、政策と予算について論議し、修正・調整・追加して、計画を確定させていきます。修正されたマニフェストについては、マニフェスト実践本部に再度申請、市民陪審員の審理を経て合理的な修正と認定されれば、再登録します。

高い公約達成率

――市長1期目の実績を教えてください。

マニフェスト実践本部の評価では、朴元淳市長1期目のマニフェスト達成率は85％です。ただし、これは２０１４年４月段階での評価ですから、同年６月の1期目任期末ではもっと高いでしょう。たとえば、福祉予算を全予算（一般会計）のうち30％以上にするという公約に対して13年度は32％で、目標を達成しました。公共賃貸住宅を８万戸供給という公約は１００％達成。債務（借金）を7兆ウォン（７０００億円）減らすという公約に対しては４・３兆ウォンの減額ですから、60％達成しました。

ソウル市ではマニフェストの履行状況を企画調整室評価課が定期的に内部評価して公表し、マニフェスト実践本部に報告している。朴市長はマニフェスト選挙と公約の達成を、とくに重視するという。その結果、２０１４年10月1日にソウル・グローバルセンター国際会議室で行われた「２０１４マニフェスト約束大賞」授賞式で、「選挙公約書分野」で最優秀賞を受賞した(14年10月13日、ソウル市ホームページ日本語版)。

マニフェスト約束大賞は、マニフェスト実践本部が優れた公約の発掘と発信を目的に4年に一回実施している。2014年6月の統一地方選挙に出馬した広域自治体・基礎自治体の首長や教育監(長)などの公約集、選挙公約書、選挙公報を対象に、公約の独創性(10点)、内容(20点)、形式(20点)の3分野、22の細部指標に対する評価によって、受賞者が決定する。マニフェスト実践本部は、最優秀賞に選定した理由をこう説明した。

「地域の懸案を十分に理解し、それに対する政策を提示しているほか、市民の暮らしと安全を優先する人間中心の市政など、哲学的ビジョンに基づいて全公約が体系的に整理されている」

とくに、「広域自治体の首長の中で唯一、選挙公約書に公約の最終目標、履行期間、所要予算、財源調達方法、履行手順がすべて明示されていた」点が評価された。

朴市長は、2014~18年(6回目の住民直接選挙なので、民選6期と呼ばれる)の2期目のビジョンを「人間中心のソウル市、市民が幸せに暮らすソウル市」としている。「安全な街、温かい街、夢見る街、息づく街」に向けた「60の政策公約(153の公約事業)」と市民の暮らしを変える公約「101のプロポーズ(101の革新公約)」、そして市民公約公募展を通じて選定された「12の市民提案公約」を提示したことで、公約の優秀性が認められたのである。

公約を具体化し、4年間の市政の方向性と中核政策を盛り込んだ「ソウル市政4カ年計画」は、2014年9月4日に発表されている。

マニフェスト運動とマニフェスト選挙の詳細

私は２０１４年10月と17年7月にマニフェスト実践本部を訪問した。実践本部の設立は２００６年２月６日、目的は「政策選挙の普及による政治の民主化と市民参加の促進」で、活動は「公約の公表・実践とその監視・評価、普及のための調査研究・教育啓発」である。スタッフは6名で、選挙時には10名以上に増強される。そのほか、公約の分析に無償協力する行政学中心の専門家や活動家が１２０名、公約の提出状況を確認する大学生ボランティアが１００名程度いるという。

マニフェスト運動によって、政策や財政をめぐる市民の具体的な評価・議論が可能になる。マスコミや選挙管理委員会を含め、活動を支える幅広い同意と協力層があり、組織は少人数で運営している。会員拡大より、運動の連携を重視しているという。年間予算は、２０１４年当時で1億２０００万ウォン（１２００万円）だった。(4) 収入源は、自治体や大学での本部役員の講演謝礼、無償協力者による寄付、地域開発のための委託研究費などだ。

韓国では１９８７年に民主化が実現し、94年に公職選挙法が制定される。２０００年の国会議員選挙では、日本でも知られる「落選運動」（正式には「落薦（公認阻止）・落選運動」）が展開された。その後、２００５年ごろから中央選挙管理委員会、行政法研究者やマスコミなどが日本やヨーロッパのマニフェストの状況を調査し、選挙の透明性と信頼性向上に取り組んでいく。

（4）前田かおる「韓国マニフェスト実践本部」『市民が見た韓国調査報告書～韓国の市民社会運動は、変革への希望を感じさせた～』希望のまち東京をつくる会、２０１４年10月、参照。

そして、いわゆる「386世代（1990年代に30代で、80年代の民主化運動を経験した、60年代生まれの世代）」の幅広いつながり（政党と行政関係者も含む）を背景に、2005年9月からネットワークづくりを始めた。民主化に端を発し、政治家の監視、さらに選挙改革の提案へという進展の過程で、マニフェスト選挙が実現したのであろう。

「かつての韓国は、大統領さえ公約を簡単に反故《ほご》にする状況でした。そこで、日本のマニフェスト運動の調査・研究をきっかけに、マニフェスト運動を始めたのです。イギリスでは政党中心、日本では候補者中心ですが、韓国の場合は市民運動が主体で、公約の評価と監視にも積極的に取り組んでいます。普及に向けて中央選挙管理委員会の協力を得ているのも、日本とは異なる点です」（李光在（イ・グァンジェ）マニフェスト実践本部事務局長）

1987年の民主化以降、憲法に基づいて独立性が保障された選挙管理委員会がつくられた。それまでは内務部に選挙管理委員会があり、国民にとっては腐敗選挙の温床というイメージだったので、現在の選挙管理委員会は民主主義を定着させるという自負が他の国よりも強い。一般には選挙管理委員会は選挙を管理する実務組織だが、韓国ではマニフェスト運動をともに進め、公約集をホームページで公開している。

李事務局長は、マニフェスト運動を持続させるためには「3つの同意」が重要であると言う。マスコミ、政界、財界の同意だ。政界の同意は5年かけて得られた。財界に対しては「マニフェスト運動が経済にとって良いものである」と説得して、同意を得たという。財界は「混乱より、安定した予測可能な政治」を求めているからだ。

では、マニフェスト運動の意義はどこにあるのだろうか。選挙において、福祉の充実や雇用の拡大を公約にする候補者は多い。それに対して、具体的な内容や候補者の政治哲学を明確化させることで、公約の実質や相違を有権者に示すのが、マニフェスト運動の役割である。日本では、抽象的で意味不明、「福祉頑張ります」的な選挙公約が多い。一方、韓国の公職選挙法では抽象的な書き方は認められない。第66条2項で、「選挙公約書には選挙公約およびそれに対する推進計画として各事業の目標、優先順位、履行手続き、履行期限、財源調達法案を掲載しなければならない」と定められている。

「縁故関係や経験を重視する有権者は相変わらずいますが、5％の有権者が政策で判断するだけで結果は大きく変化するし、それが目的と言えます。また、重視するのは、公約がいくつ守られたかより、公約を真摯に守ろうとする姿勢です。朴槿恵大統領は、公約に掲げた老齢年金について内容を後退させたことで、国民から批判の声が多くあがりました。国民は政治家に真摯な心があるかを見ています。私たちの分析では、国会議員の公約履行率は35・16％で、国会議員の再選率は約38％です。この2つの数字は、よく似ています。つまり、公約を守るかどうかを国民は見ており、再選に影響している可能性が高い。私たちは、マニフェスト運動が韓国の民主主義の進歩に寄与することを期待しています」

さらに、法的根拠などについても明確な説明を受けたので、以下にまとめて述べる。

マニフェストは法律に規定があるわけではないが、大統領選挙や自治体首長選挙では、「選挙公約書を作成することができる」と公職選挙法第66条で定められている(5)。これを活用し、マニフェストの提出を求

(5)「大統領選挙及び地方自治団体の長の選挙の候補者は選挙運動のために選挙公約及びその推進計画を掲載した印刷物(選挙公約書)一種を作成することができる」(金泳坤・湯浅墾道訳「韓国の公職選挙法におけるインターネット利用の規制に関する条項」『九州国際大学法学論集』２０１０年、66～67ページ)

める。彼らは、法律の力ではなく国民の力を重視するべきだと考えている。マニフェスト冊子の発行は選挙期間中しか行えないが、ホームページでは任期満了日まで公開可能なので、掲載を求めている。立法権と国政監視権をもつ国会議員に議員立法計画書の提出を義務づける法案の提出も検討しているそうだ。(6)

選挙後は、100日以内に出す公約の「実践マニュアル」で、計画をどれだけ誠実に履行しようとしたかがチェックできる。公約は変わっていく場合もあるので、年1回、修正の機会がある。政治家がウソをついていないかどうか、専門家や活動家の無償の協力を得て選挙後も監視している。

文在寅氏の公約は201項目で、178兆ウォン(約18兆円)を見込むとされていた。マニフェスト実践本部は財源の詳細な内訳までは求めず、福祉や公共事業などの分野別に、費用がどの程度かかるかのみを求めた。つまり、目的は公約の可視化なのだ。なお、文大統領が7月19日に発表した100大国政課題は朴槿恵前大統領と違い、公約に基づいた政策である。

マニフェスト実践本部が運営する公約情報センターのサイトでは、大統領から大半の自治体議員まで約8万2000件のマニフェストをデータベース化し、オンライン検索が可能である。また、執行権限のある大統領や自治体首長の公約は1年ごとに点検し、履行率を公表。国民・市民とどれだけ協働したかを点数化し、公約の遵守状況も評価している。実践本部による調査では、同本部の認知度は30%だが、92%の国民は必要としているという。

「マニフェスト運動は有権者とともに進めるものです。政治家の行動の抑制が目的ではありません。21世紀の新たな政治の『約束宣言』なのです」

私が知るかぎり、選挙公約の可視化、市民自らによる評価、データベースの作成と公表などの「マニフェスト実践」がここまで行われている国はない。民主化運動から日常の民主主義実践へと着実に歩を進める韓国の市民社会運動の重要な一面を垣間見て、深く感銘を受けた。

5 自治体財政の改革

借金の大幅な削減

非正規労働者を正規職に転換し、２０２０年に残業ゼロの完全週40時間労働制にするため、人員不足に対応して正規職を採用し、雇用拡大も進める。さらに、社会保障や教育を重点政策に据える。これらには一定の財政支出を要するから、日本では必ずといっていいほど、財政が破綻するのではないかという懸念や批判がある。私にもたびたび、「ソウル市の財政が破綻しませんか?」という質問が寄せられる。そこで財政改革についても触れておこう。２０１１年の公約では「市民とともに築く健全な財政基盤」を掲げ、次のように述べている。

（1）ソウル市の債務（借金）を1期目で30％＝7兆ウォン（７０００億円）減らす
借金総額25・5兆ウォンを毎年10％ずつ3年間で30％減らし、18兆ウォンとする。

（6）「選挙管理委員会は選挙公約書を選挙管理委員会のインターネットホームページに掲示するなど選挙区民が分かるようにこれを公開することができ、当選人の決定後には当選人の選挙公約書をその任期満了日まで選挙管理委員会のインターネットホームページ又は中央選挙管理委員会の指定するインターネットホームページに掲示することができる」（『九州国際大学法学論集』17巻2号、２０１０年）

（2） 財政改革によって、公正で公平な暮らしを実現する

①市長部局から独立した評価機関として「ソウル公共投資管理センター」を設立し、財政投資評価システムを改革する。

②すべての新規事業を計画する際、既存事業の支出を見直して減らすか、事業収入を増やす努力を進める、財政再建策「PayGO原則」(7)を導入する。

③歳入―歳出のバランスを実現するため、ソウル市財政準則を制定する。

④使用料や手数料の値上げのように市民の負担増とならない、税外収入を見つける。

⑤「展示性（目立つ、見せかけの）土建事業」中心の予算から、生活支援と人間中心の支出構造に改革する。

（3） ソウル市が出資・出捐《しゅつえん》（出資による権利の発生）する機関の経営革新を推進する

①出資・出捐する傘下機関の経営革新と市民生活中心の運営を促進する。

②ソウル住宅都市公社（ＳＨ公社）の事業構造を改革し、地域共同体の活性化と仕事創出のための都市再生および住宅福祉の専門機構としての役割を確立する（ソウル住宅都市公社の債務は13兆５７８９ウォン（約１兆４０００億円）で、市全体の債務の半分を占めている。削減目標は６兆４９８２億ウォンで、７兆ウォンの約90％）。

③ソウル市が財政支援する事業の公益性と審査の強化を図る。

（4） ソウル市25区の財政不均衡の緩和

①調整交付金比率の調整を25区の財政状況に基づいて配分するか、財政状況が悪い区により多く交付

するように、配分比率を調整する。

②財政状況が良くない区では30%という負担率が重く、事業を推進できない。そこで、ソウル市が支援する事業費の支出比率を、財政状況が良い区は5対5ないし4対6に、良くない区は8対2に再調整する。

③25区の生活圏域を均衡発展させるという目標の達成に向けて、財政状況をシステム化して把握し、自動的に財政均衡を維持できるように、予算編成と財政運営を支援する革新的予算システムの「(仮称)均衡認知的予算制度」を積極的に導入する。

展示性土建事業の改革

公約などでは、頻繁に「展示性土建事業」という表現が見られる。これが財政構造や基本政策にとっての大きな争点になった。

ソウル市長選挙直前の２０１１年10月17日、『ハンギョレ(日本語版)』が「清渓川(チョンゲチョン)や漢江が華やかになる間に……老人施設のトイレは金がなくて直せず」という見出しの記事を掲載した。以下はその概要である(引用では一部、日本語表現を修正・補足した)。

「鍾路(チョンノ)区のある老人福祉施設のトイレは1カ月に2~3回も故障する。配管が古く、修理しても繰り返し故障する。修理する間、老人たちは不自由な身体で近所の建物や地下鉄の駅のトイレまで行

(7) Pay-as-you-go の略で、現金をその場で払うという意味。

かなければならない。

『トイレや冷暖房設備などは障がい者や老人にとってとても大切なのに、故障が多く、安全・衛生面の心配が大きい』と施設職員が語る。なぜなら、市が老人福祉施設の改修予算を２０１０年の24億ウォン(2億４０００万円)から13億ウォンに削減した影響が大きいからだ。

李明博・呉世勳両市長の９年間は、『土建重視政策』だったとの声が多く聞かれる。ニュータウン建設や『漢江ルネサンス』という大規模土建事業を中心に進めた結果、社会福祉事業に綻びが目立つようになっていた」

李明博氏は２００２～06年のソウル市長在任中、ニュータウン事業などでソウルを「工事現場」に変え、後継の呉世勳氏は漢江にまで「工事現場」を拡大した。呉前市長は就任後5年間で、漢江ルネサンス、光化門広場、東大門デザインパークプラザ造成などに1兆３５３億ウォン(１３５３億円)を投入した。看板事業の漢江ルネサンスは1兆３１７４億ウォンの予算規模で、単一事業としては最大規模である。その一環として07年に導入した「漢江水上コールタクシー」は、20分で5万ウォンと高額。一日２万人の利用予測だったが、11年１～８月の実績は一日１１３人にすぎなかった。

「呉世勳市長は、就任時の２００７年度予算に占める福祉比率は14・５%だったが、09年度には17・９%、11年度には21・４%へ『着実に増えた』と話している。だが、11年度の福祉予算の中身を見れば、国庫補助事業65%、地方委譲事業15%で、独自事業は20%前後だ。『増えた福祉予算は基礎老齢年金はじめ国の事業の拡大などに伴う自然増が大部分で、市の独自福祉予算は10年度比で８３６億ウォン減少した』と市議から指摘された。

また、ある社会福祉団体の役員は『ソウル型福祉とか網の目福祉とか言って、福祉の充実より、展示性（見せかけの）福祉事業にばかり力を入れた』と語っている。その代表例として、市内５圏域で推進した『お年寄りの幸福タウン』が挙げられる。総額５７００億ウォン（５７０億円）で２０１４年度までに７～８階建ての老人総合福祉施設を建設し、老人福祉の拠点にする、野心的計画だった。ところが、各区に１～２カ所ずつ設置されている老人福祉館と機能や役割が重複する。しかも、身体の不自由な老人たちがわざわざ家から遠く離れた大型施設を利用するだろうかという疑問は無視された。

保守市長２代９年間での『展示性土建事業が残した後遺症』に対する否定的な市民世論が増え、新市長には25区の福祉格差の解消、大規模展示性福祉から小規模生活密着型福祉への転換が求められている」

だから、有権者は冒頭に述べた市長選挙で２代にわたる保守市政批判に票を投じ、３人が立候補を検討していた民主派と進歩派・左派に一本化を求め、野党統一候補の新市長を誕生させたのだ。そして、朴元淳市長は１期目で公約どおり７兆ウォン（７０００億円）の借金を返済した。それは、第３～５章で紹介する各分野での事業を財政再建策「PayGO 原則」に基づいて実施した成果である。

第2章　キャンドル市民革命が変えたこと、これから変えるべきこと

朴　元淳

1　キャンドル市民革命は何を変えたのか

民主主義が危うい。世界的に既存の秩序に対する不信が高まるなか、民主主義もまた挑戦を受けている。わが国も同じだ。そうした面で、今回のキャンドル市民革命（２０１６年10月から17年3月まで毎週土曜日に開かれ、朴槿恵大統領を退陣に追い込んだ、市民の手で企画・運営された市民集会）は「新たな民主主義のモデル」として大韓民国の政治史のみならず、世界史的にも重要な意味をもっている。大統領が変わったからといって、民主主義が自然に蘇るわけではない。民主主義に対する社会全体の省察と行動が必要である。そうした面で、新政権が誕生したいま、キャンドル市民革命の意味を反芻する必要がある。

まず、市民が憲法第1条、民主共和国という「国家の基本的価値」を守るために闘ったという点がキャンドル市民革命の大きな意味である。市民は異口同音に憲法第1条を叫び、その意味を蘇らせている。

光化門広場に集まる市民。左上が集会のシンボル・キャンドルのオブジェ（2016 年 12 月 17 日）

「大韓民国は民主共和国である。大韓民国の主権は国民にあり、すべての権力は国民から生ずる」と、国民全体がそらんじて叫んだことが、いままでにあっただろうか。

文字でのみ書かれた憲法第1条、飾り物にすぎなかった憲法第1条が、まさに広場に蘇ったのである。憲法裁判所の大統領弾劾の決定文で、「被請求人を罷免することで得る憲法守護の利益は圧倒的に大きい」とし、大統領の憲法違背行為を弾劾の重大な事由としたのは、当然の帰結だった。今回のキャンドル市民革命の最大の成果は、憲法という抽象的な価値が市民自らに始まり、市民自らが権力の源泉であることに自ら気づいたことだと言えよう。

第二に、世界的に類例のない「平和的な集会」だった。国民的な憤怒天を衝く大規模なデモにもかかわらず、事故も暴力沙汰もなかった。一時は弾劾支持派と反対派の衝突が懸念されたが、幸い大きな混乱はなかった。キャンドルと太極旗が広場に並んでいたこと自体、民主主義の生きた証拠であろう。
憤怒と熱望が充満する広場で、市民が示した勇気と情熱、友愛と連帯は驚くべきものだった。まったく見知らぬ人びとの間にも友愛が満ちていた。自分の生き方に閉じこもる孤独な個々人、近隣との騒音問題でいらだつ人びととは距離があった。平和的な集会は社会的合意の結果であり、目標を達成するための戦略的な行動だと見るべきだろう。結果的に、権威的な政権に抵抗するには、平和的な力がはるかに強力だという逆説が証明されたのである。

第三に、民主主義の制度と手続きに則して大統領を弾劾した。国民から権力を委任された大統領が国民の公的信頼を裏切れば、その権力を回収できるように、韓国の憲法は弾劾制度を明示している。キャンドル市民革命は弾劾に優柔不断な政治家を動かし、国会の弾劾案発議と決議、憲法裁判所の容認を導き出した。市民は政治制度と憲法機構をきちんと理解して適切に活用した。つまり、民主主義の危機に民主主義がまともに作動したのである。

民主主義とは目標とともにプロセスが重要だ。今回の市民集会の成功は、韓国民主主義の歴史にまたとない貴重な事例である。市民が憲法上の価値を守護するために平和的かつ合法的な方法で弾劾を導き出したという点で、キャンドル市民革命と称するのがふさわしい。

キャンドル市民革命は「市民民主主義」を誕生させた。市民民主主義とは何か。市民が市民主権を行使する政治的主体として立ち、政治的行動で政治権力に実質的な影響を及ぼし、政治的運命に共同責任を担うものである。市民民主主義とは、政党中心の代議制という間接民主主義の欠点を補完し、代議制を成熟させる、発展した民主主義の形態である。

大韓民国とはいかなる国か。大韓民国は、民主主義を勝ちとるために数多くの人びとが血を流した歴史をもつ国である。２０１７年は１９８７年６月民主抗争30周年にあたる年である。この間、民主化の成果と限界を経験した市民は、権威主義に回帰した政権のもとで後退する民主主義を黙って見ていられなかった。キャンドルを掲げて広場に現れ、新たな市民民主主義を誕生させた。

光化門広場のキャンドル集会でアピールする市民（2016年12月7日）

私もまた、その広場にいた。ある日、恩平（ウンピョン）区（ソウル市北西部）で食堂をしているおばさんの演説ならぬ演説を聞いて衝撃を受けた。食堂は土曜が一番忙しいが、こういう国を子どもらに譲り渡すことはできないと思って参加したという。どんな政治家の演説よりも立派で、正確な問題意識と目標をもっていた。「ただ食べて生きるだけ」を超える共同体的な価値を志向する暮らし、その暮らしが醸し出す新鮮さとウィットは、私を含めた市民仲間を感動させた。広場では、地域や階層、年齢層を網羅する多様な市民の出現が見られた。実に、偉大な「市民」の誕生だった。

市民は偉大である。市民が正答である。私は誰よりも市民の力を信じ、市民の力に依拠して市民運動と政治をしてきた。私の役割は何か。「市民民主主義」を守護し、「市民抵抗権」を含めた市民権を保障する広場の守り役だった。市民は日常的に個人の政治的意思を自由に表現し、思想、言論、集会、結社の自由を通じて既存の権力を批判し、反対できなければならない。とくに、権力の濫用や誤用、不正腐敗などで委任した権力に対する信頼関係が崩れた場合、市民は権力に抵抗し、委任した権力を回収できなければならない。市民抵抗権は「市民民主主義」の基本要素である。

広場は市民のものである。ソウル市は市民抵抗権を保障し、広場を保護するためになしうるすべての行政的支援を稼働させた。まず、放水を公権力の濫用とみて、放水に必要な消防水を供給しないことに決定した(1)。大規模集会で起こりうる万一の事故に徹底的に備え(2)、広場周辺でのトイレの開放(3)、地下鉄の時間延長など多様な便宜を提供した。集会が終わった後、広場が日常に戻れるように、毎週計画を立てて掃除した(4)。

もちろん、そうしたどんな準備よりも光を放ったのは成熟した市民意識だ。キャンドルは「新しい市民」である。「市民権力」が誕生した広場は、それ自体が民主主義の生きた教育の場だった。光化門広場は市民によって再解釈された。ソウル市は新たな政権とともに光化門広場を歴史と文化、また「市民民主主義」が生きて、息づく広場へと再構造化する計画である。

2 キャンドル市民革命は、これから何を変えるのか

結局、国民は大統領を罷免した。だが、それで終わったわけではない。広場の要求は、弾劾と単なる政権交代にとどまらない。この間、疎かにされてきたり、先延ばしされていた課題が、一挙に噴出した。政

治、財閥、検察、言論、教育、選挙制度、地方自治など数多くの改革課題が提起されている。長年、わが国の社会秩序であった権威主義、家父長的な文化、政経癒着、縁故主義に関する問題意識も表面化した。分権と自治、人権、性平等、環境、そして不平等の解消に対する声が高まった。これらの課題は、一朝一夕に解決できるものではない。いますぐに着手すべき政治改革だけでなく、経済改革、社会・文化の全般的な改革を可能にするためには、持続的な革新と変化が必要である。

優先すべきは、政治改革である。キャンドル市民革命は政界全体に警告した。民意を代弁して政府の実

（1）2016年10月5日、CBSラジオの『キム・ヒョンジョンのニュース・ショー』に出演し、「ソウル市は消火栓を通じて警察のデモ弾圧用の放水車に水を供給することについてどう思うか」という質問に、「消火栓からの水は火災鎮圧のためのものだから、ソウル市傘下機関である消防災難本部は、デモ鎮圧のために水を使うのは認めがたい」と述べた。その後、消防水の供給は中断された。

（2）2016年10月の最初の集会後、集会の規模が急に大きくなると、ソウル市は第3回集会から光化門広場付近に市や区の公務員を配置し、市民の安全と便宜を支援した。市の集計によれば、第3回集会から朴前大統領が罷免された翌日の17年3月11日の第20回集会まで、現場に職員1万5000余人（延べ人員）を投入した。同じ期間に支援した救急車、消防車、清掃車両などの各車両は1000台を超え、地下鉄駅付近などで安全管理に投入された人員は総計6300人、集会中に起こりうる緊急事態に備えて待機した救急隊員と消防士などは4500人に達した。

（3）光化門広場とソウル広場、清渓広場付近に移動トイレを十数カ所設置したほか、光化門広場付近の建物関係者を説得し、総計200カ所を超えるトイレを確保して市民に開放した。

（4）集会の終了後、広場と道路を清掃するために投入した環境美化員［清掃労働者］と職員、ボランティアは400人近くで、清掃車両は500台以上を動員した。

情を牽制し、改善すべき主体である政治に対して、責任を問うている。政治改革を通じて民主主義を支える主要な制度を改善し、きちんと作動させることが最優先の課題である。代議制政党民主主義がきちんと作動していたら、こうした事態には至らなかっただろう。民意をまともに反映できない代議制は変えねばならない。まず、既得権層中心の勝者独占の選挙制度から変えねばならない。多様な民意を反映できるように、「連動型比例代表制」などの選挙法改革が必須である。

青少年の参政権拡大も重要である。キャンドル広場で青少年の活躍は目覚しかった。有権者ではないが、成熟した市民だった。「18歳選挙権」という改革法案は、社会的な共感を幅広く得ている。にもかかわらず、国会では通過できなかった。国民は大統領選挙日も変えたのに、政治はいったい何を変えているのか。

一部で強く要求している改憲は、最も総体的かつ根本的な政治改革を盛り込める器である。私もやはり新しい時代に合う改憲は必要だと思うし、個人的には分権型の改憲を主張している。だが、改憲を性急に行ってはならない。市民が主導的に改憲過程にも参加して熟議できるように、十分な時間と適切な制度的装置が必要である。

経済民主化に対する熱望も、また強烈である。キャンドルの憤怒は不平等に対する不満が根底にある。韓国はOECD(経済協力開発機構)加盟国中、不平等が最も深刻な国の一つである。とくに、所得の不平等が深刻だ。今回の大統領弾劾は、朴正煕(パク・チョンヒ)パラダイムの終焉も意味している。朴正煕神話や朴正煕ノスタルジアは、どこから来るのか。まさに経済成長への幻想のためである。

韓国民は短期間に高度の産業成長を成し遂げたが、政経癒着、不正腐敗、貧富格差の拡大、社会葛藤など、今日の韓国経済の足かせとなっている問題を容認してきた。「たらふく食べていい暮らしをする」ためには、人権や労働が弾圧されても、環境が破壊されても、共同体や多様性の価値がなおざりにされてもいいという、暗黙の了解があった。その結果、財閥・大企業が世界的な企業に成長する一方、労働者は貧しくなって国民の暮らしは疲弊した。キャンドルの国民的憤怒は「不平等」に起因したものである。ところで、今回の大統領選挙で不平等というイシューはどこへいったのだろう。

不平等を解消するための経済・社会体制として、私は「WEconomics」(5)を提案する。WEconomicsは、みんなの、みんなによる、みんなのための経済である。財閥・大企業中心から脱皮し、中小企業と労働者などの市民が主体になる経済をいう。さらに、経済だけでなく労働、福祉、環境、人権、多様性、共同体、民主主義のような価値が同等に保障されることをいう。「先成長、後分配」「雨垂れ効果［トリクルダウン］」のような古い秩序の廃棄を意味する。労働者の権利がきちんと保障され、市民の誰もが人間的品位を維持できる社会をいう。

ソウル市が推進している非正規雇用の正規雇用化、経済民主化政策、労働理事制、学費の半額化、青年手当などの韓国型基本所得、原発削減などがWEconomicsを構成する具体的な政策である。ソウル市は、ソウルの革新と成果を基礎にした政策を新政権に提案している。今後もソウル市の革新的実験は続けられ

(5)「私たちみんな」を意味するWeと経済を意味するEconomicsを結びつけた造語で、２０１６年7月8日の東南アジア巡訪時に、タイのバンコクで行った国連アジア太平洋経済社会委員会（UN-ESCAP）の講演で、初めて使用した。その後、経済、労働、福祉、環境政策を総合する、筆者の経済・社会ビジョンへ発展した。

るだろうし、その革新の成果は新政権の元肥《もとごえ》として提供されるだろう。今後、地方自治体が多様な政策的実験を進めていけるように、新政権が地方自治体に権限と予算を移管することを促している。

最後に、「日常のキャンドル」を灯すことを提案したい。日常の民主主義が強固でなければ、どんな制度も砂上の楼閣である。韓国では、生活レベルの地方政治よりも巨大な言説を前面に掲げた中央政治に重心が傾いている。民主主義は抽象的かつロマンチックに理解される傾向がある。選挙のときだけの民主主義も困りものだ。今回のキャンドル広場のエネルギーが市民の暮らしに浸み込んで、自ら政治的市民としてすっくと立ち上がるとき、本当の変化が始まる。

韓国政治の危機の瞬間には、いつも革命的な広場があった。既存の抗争と革命の試みが失敗に終わったのは、日常の広場、日常の政治に転換できなかったからだ。民主主義の制度並みに民主主義者を育て上げることが重要である。

２００４年にフリードリヒ・エーベルト財団の招きでドイツを3カ月間旅行したことがある。１９６０年代の学生運動を率いた「68革命」世代が文化・芸術運動、国際平和運動、さらには種子主権運動などに参加し、いまも旺盛な活動をする姿に深い印象を受けた。ドイツの緑の党も、「68革命」世代が主軸になってつくられた。「68革命」は今日まで社会全体に甚大な影響を及ぼし、多様な変化に寄与している。

今回のキャンドル市民革命は、さまざまな面で「68革命」を彷彿とさせる。脱中心的な性格が明らかだった。運動の指導部やバックはなかった。家族や友人と一緒に参加したり、個々人で出かけてきて、ひとりで参加していた人と連帯したりした。注目すべきは、キャンドル市民の大多数は、大規模な社会運動の経験がなかった世代や、一度も集会に参加したことのなかった個人だった点である。ほぼすべての年齢層を包括したという点も印象的だった。多元化した市民の自発的な組織化が目についた。デジタル・ネットワークを活用したコミュニケーションと連帯が可能だったからである。雰囲気だけ見れば、デモというよりはお祭りに近く、旗一つにも風刺とユーモアがあふれていた。

キャンドルを掲げた理由からキャンドルの形に至るまで、どんな枠にもしばられない新たな市民、新たな民主主義者が誕生した。単に弾劾だけを叫ぶのではなく、脱権威主義、政経癒着の解体、脱核［原発］、分権主義、日常的な民主主義など多様な課題に分化し、社会全般の変化を熱望するのも、「68革命」に似ていた。キャンドル市民革命は政治改革のみならず、経済・社会改革を要求している。今後、キャンドル市民が日常の民主主義者になって多様な議題の再生産をやりきり、オルタナティブな暮らしを実験する生活政治を通じて政治的主体としてすっくと立ち上がるなら、新たな政治は可能である。

私は平素、「市民の力、市民力」(6)を強調してきた。偉大な市民が、偉大な国家、偉大な社会をつくる。市民が権力を監視する受動性を脱皮して、政治を通じて積極的な変化を主導すべきである。政治的に覚醒して人文的に成熟した「市民」の土台が、政治も経済も完成させる。それらは市民の力量にかかると言っても過言ではない。

ソウル市の行政は、それ自体が巨大な「生活政治の学校」である。ソウル市は市民とのコミュニケーシ

(6)「市民力」は、日本の「失われた10年」を新たに考えるために、日本のシンクタンクが、日本人がもつ精神的・技術的な知識を世界最高レベルに引き上げようとしてつくった概念である。筆者が2016年3月3日に発表した「ソウル市生涯学習総合計画」は、市民の人文学的な素養を高める「市民力」という概念と市民力指数をつくって、市民教育を向上させる計画である。

ヨンと参加を超えて、市民社会と協治(協同統治)する「プラットホーム政府」を構築し、運営するのに心血を注いできた。生涯教育と市民大学のプログラムの提供を超えて、市民に自分の日常と政治がつながる地点を提供し、市民が制度的な空間でも積極的な権利を行使できるようにした。

この間、行政に官僚主義と権威主義が蔓延していたのは事実である。官僚は市民を対象化して、市民参加を行政の香辛料程度にしかみてこなかった。だが今日、ソウル市の公務員もコミュニケーションと協治の哲学を理解し、市民社会との協治ガバナンスを当然の常識として受け入れている。長い時間がかかろうとも、対話して協力しながら進めるのが原則である。そのように進めてこそ、革新できる。もちろん、完全とは言えないだろう。しかし、明らかなのは、ソウル市の行政が「プラットホーム政府」へ転換し、そのガバナンスが市民民主主義と生活政治を深化させているという点である。

3 どのように変えるのか

今回、広場で誕生した新たな市民を、どのように新たな政治主体として立ち上げるのか。また、新たな政治主体とともに、どのように政治を革新し、新たな国をつくるのか。これはキャンドル市民とともに広場にいた私の悩みであり、今後の課題でもある。

まず、次の政権では対話と妥協の政治が必須である。絶体絶命の国家的危機においては、なおのことそうである。改革課題の解決をうまく進めるために、私は「キャンドル共同政権」(7)を主張してきた。キャンドル共同政権は、政党間の連政(連合政権)と市民社会との協治という両翼で運営される。

次期政権は、誰が大統領になっても「与小野大［与党が少数で、野党が多数］」の国会である。国民の要求と熱望は多様にならざるを得ず、熟議と制度化の過程を要とする。決して容易ではない過程である。政権交代さえすれば、あらゆることが解決されるだろうというロマンチックな信念をもってはならない。いかなる政権交代なのかが重要である。キャンドル共同政権は単なる統合を意味しない。互いに異なる背景と勢力間の違いを認め、共通の改革課題を中心にして連政と協治の場へと進化すべきである。

政党革新を通じた政治改革が実現されなければならない。今回、政党を中心にした代議制民主主義の欠点が如実に表れた。既存の政党が民心をまともに代弁できておらず、社会変化に従えなかったために、周期的に市民が広場へと出てこざるを得なかった。

政党は政党革新を通じてキャンドル市民を政治的主体に押し立て、市民が日常的に意見を提示して参加できるプラットホームにならねばならない。制度化された政治が市民社会と分離したときには、必ず問題が生じた。市民社会と制度化された政治が各自の役割をきちんと果たし、また有機的な関係を結んでこそ、政治改革は可能である。政党も政府も、市民社会との協治が重要である。また、新たな市民たちが政治的主体として立ち上がれる制度、そして新たな政治勢力化も重要な課題である。

キャンドル市民は「市民民主主義の時代」を切り開いた。いまや、政治の時間である。政治は、広場で表出されたキャンドル市民の怒りと熱望を具体的変化へと結実させるべき「責任」がある。政治が自らを

（７）筆者は２０１７年1月10日、弾劾政局で新たに誕生する次期政権は民主勢力の連帯と協力を通じた「キャンドル共同政権」であるべきだと主張したことがある。

果敢に革新し、社会・経済改革など国家改革を成功裏に推進できなければ、政治の立つべき場はない。政界のみならず、あらゆる社会の統合力量を結集してこそ、キャンドル市民が残した課題を成功裏に解決し、新たな大韓民国を迎えることができるだろう。

私は「キャンドル広場の守り役」を超え、「キャンドル市民の守り役」になりたいと思う。キャンドルの憤怒と熱望が揮発しないように日常政治に生かしていくこと、キャンドル市民を政治的主体として立たせ、その力で政党政治の革新を牽引すること。これこそが、広場で懐妊した市民民主主義を守る道であり、革新政治を花開かせる道であると信じる。

〔訳：青柳優子〕

＊本稿は、2017年4月20日にソウル・グローバルセンターで開かれた細橋研究所の公開シンポジウム「キャンドルと韓国社会：広場の進化のために」の基調発題文を修正・補充したものである(初出は『世界』2017年8月号)。転載を許可してくださった『世界』編集部と岩波書店に感謝する。なお、表記は他章に統一し、［ ］内で意味を補足した。

【解説】日常のキャンドル市民革命の重要性

白石　孝

この講演が行われた2017年4月20日は、一連の市民大行動に区切りがつき、5月9日の大統領選挙へ向けて選挙モードとなっていた時期に当たる。集会やデモの高揚があり、次は選挙だから、否が応にも社会全体が一種ハイな状況になっている。そこで聴衆に語りかけたのが、韓国現代史を1980年代から振り返り、民主化を実現した現憲法のもつ意味である。そこからは、朴元淳市長の想いが伝わってくる。

「キャンドル市民革命のような大きな運動はこの40年近い間に何回もあったが、朴槿恵と国家機関、大財閥の癒着と市民不在の政治を許したではないか。そこを変えないかぎり、権力の腐敗は繰り返される。大事なのは日常の『キャンドル』であり、その主役は市民である。そして、市民の力を引き出し、支えるのが中央政府であり、地方政府なのだ」

本書のタイトルとした「市民民主主義」を考えるうえで、この講演には強い感銘を覚えた。韓国に暮らす人なら周知の現代史だが、日本の読者にキャンドル市民革命への理解をより深めていただくために、いくつか補記しておきたい。

1 大韓民国憲法は民主化から誕生した宝

現在の大韓民国憲法は、1947年7月に初めて公布されて以降、国家体制の根幹に関わる改正を5回行ったので「第六共和国憲法」とも呼ばれている。87年10月27日に「憲法改正国民投票」が実施され、投票者の93％が賛成して成立し（投票率は78％）、29日に公布された。

憲法改正案への投票に至ったのは、その4カ月前に遡る。憲法改正に反対する全斗煥（チョン・ドゥファン）大統領に対して、抗議と改正を求める全国的な運動が続くなかで、全大統領の後を受けた民主正義党の盧泰愚（ノ・テウ）大統領候補が6月29日に「6・29民主化宣言」を発表したのだ。宣言は、大統領直接選挙制、1973年に東京で拉致され、一時は死刑判決を受けた金大中（キム・デジュン）氏の公民権回復、政治犯の釈放、政党活動や言論の自由、地方自治制度の確立を基調としていた。この結果、憲法改正を求める6月闘争の幕が降ろされる。

改正された憲法の最大の特徴は、大統領直接選挙制の実施である。これが「独裁政治から民主化へ」と言われる所以だ。そのほか、以下のように定めた。

①独裁を防ぐため大統領の権限に制限を加え、緊急措置権や国会解散権を廃止。
②国会による国政監査権を復活し、国会の権限を強化。
③最高裁判所（韓国では大法院と呼ぶ）長官を国会の同意を経て大統領が任命し、憲法裁判所を創設。
④身体の自由、労働三権、表現・集会・結社の自由など、国民・市民の基本的人権の保障・拡大。

こうして、民主主義国家として評価される水準に到達したのである。

憲法第1条は、「大韓民国は民主共和国である」(第1項)、「大韓民国の主権は国民にあり、すべての権力は国民から生ずる」(第2項)と定めている。朴市長は講演でこの第1条第2項を冒頭に取り上げ、市民自らが「権力の源泉」であることを市政の原点に据え、その姿勢を貫いていると力強く語った。第1条は歌にもなり、キャンドル集会で頻繁に歌われていたことからもわかるように、第六共和国憲法は韓国の市民に根付いている。ただし、大統領が再選できない規程(第70条)など、いわゆる1盧3金(盧泰愚、金大中、金泳三(キム・ヨンサム)、金鍾泌(キム・ジョンピル))による「談合」政治の弊害も残り、この規程を改正すべきであるという声もある。

2 朴槿恵大統領の罷免を引き出したキャンドル市民革命

全人口の3分の1が参加

韓国最大の市民社会団体である参与連帯(第7章2参照)の李泰鎬(イ・テホ)事務処(局)長(当時、現執行委員長)は2017年10月、宇都宮健児弁護士が代表を務める「希望のまち東京をつくる会」などの招きで来日。東京都内で開催された報告会で、「韓国のろうそく市民革命と社会運動」と題し、16年秋から17年春にかけてのキャンドル市民革命について、市民社会運動側から経過、背景、意義を語った。以下はそのまとめである。

まず2016年5月、ソウル市内で5万人が参加して、セウォル号事故(1)の究明と朴槿恵大統領の退陣を

朴槿恵前大統領のボードを身につけ、「黄教安権限代行は朴槿恵だ」と書かれたボードを持つデモの参加者。朴大統領が退陣して黄教安氏が大統領権限代行になっても何も変わらないという意味

求める集会とデモが行われた。その5カ月後の10月24日夜、地上波ではないケーブル・衛星テレビ局JTBCが、「大統領の親友として知られる崔順実（チェ・スンシル）が大統領の演説草稿などを発表前に受け取っていた」とスクープ。直後に朴大統領は謝罪したが、10月29日に一連の疑惑報道以降初めての集会が開催されて3万人が参加し、5カ月にわたるキャンドル運動が始まる。

翌10月30日に、李元鐘（イ・ウォンジョン）大統領秘書室長ら政府高官8人が辞表を提出。検察は翌日、崔順実を逮捕する。逮捕後最初の土曜日である11月5日はソウルで20万人、各地で10万人規模の集会とデモが行われた。さらに、11月12日にソウル100万人、各地10万人、19日にソウル60万人、各地35万人、26日にソウル150万人、各地40万人と続く。6回目の12月3日は、ソウル160万人、各地70万人と、最大規模の行動となった。

また、11月25日の「韓国ギャラップ」調査によると、朴大統領の支持率はわずか4％で、不支持率は93％にまで上昇。12月3日に、野党が大統領弾劾訴追案を国会に提出した。弾劾訴追案は9日に採決され、賛成234、反対56で可決。大統領職の職務は停止され、黄教安（ファン・ギョアン）国務総理が職務代行者に就く。

韓国では、国会で弾劾訴追案が可決されると、憲法裁判所で弾劾審判を行う仕組みになっている。2017年3月10日、憲法裁判所は8名の裁判官の全員一致で「弾劾は妥当」という決定を下す。こうして、朴槿恵氏は大統領職を罷免された。

これを受けて翌3月11日に20回目の集会が開かれ、5カ月間にわたって続いた「キャンドル」集会が終了した。主催者によると、集会参加者は延べ1658万4000人にのぼったという。

延べ1658万人という参加者数は、韓国の人口の32・8％にも及ぶ。2016年11月26日の参加者2058人への面接調査（明日の新聞社と西江現代政治研究所による）では、「リベラル系」39％、「中道」19・4％、「保守」17・3％と回答しており、幅が非常に広い。5カ月の集会期間中、弾劾賛成は70～80％を推移し、国会議員の賛成者は78％にのぼった。朴槿恵は3月30日に逮捕され、4月17日に起訴された。そして5月9日、大統領選挙の投票が行われ、共に民主党から立候補した文在寅候補が勝利し、第19代大統領に就任する。

（1）2014年4月16日に大型旅客船セウォル（世越）号が、韓国南西部珍島の沖合で転覆・沈没した事故。乗員・乗客299人が死亡、5人が行方不明。

運動の蓄積と市民の力

大統領弾劾訴追案の提出と憲法裁判所の罷免決定を引き出したのは、市民運動の成果である。その鍵は、マスメディアを通じて世論と与党国会議員を動かし、野党国会議員の背中を後押ししたことと言える。運動は平和的行動に終始し、集会参加者は既存組織の大量動員方式ではなく、自発的な個人、家族、職場の同僚、各種グループによって構成されていたという。

一連の集会を主催し、支えたのは、全国70都市の約2300団体がメンバーの「朴槿恵政権退陣非常国民行動」(略称：退陣行動)だ。私の知るかぎり、ここには参与連帯などの市民社会団体、民主労総などの労働組合、全農(全国農民会総連盟)などの農民団体をはじめ、韓国でさまざまな活動を持続的に進めてきたほとんどの団体が参加している。

そして特徴的なのは、構成団体が集会の前面に出るのではなく、一般市民が多数を占めていたことだ。李事務局長によると、「一人で来た人びと」とか「カブトムシ研究会」といった旗や幟が立ち、一般市民が参加しやすい態勢が自然発生的につくられていたという。私が参加した2017年1月21日の集会も、前日から降り続く雪と気温零下10℃という凍てつく天候にもかかわらず、家族連れや若いカップル、職場の同僚らしき一団などが、たくさん参加していた。労働組合旗はほとんど見当たらない。カップルがスマホで自撮りし、知り合いに送信する姿も見られた。

舞台演出にも工夫が凝らされている。長い演説はせず、せいぜい3分くらい。演説以外に、歌や踊り、寸劇などを交互に入れて、飽きさせない工夫が感じられた。参加者が集まる範囲は驚くほど広い。『中央日報(日本語版)』(2016年12月4日)から引用する。

零下 10℃の酷寒のなかで壇上の演説に聞きいる市民たち（2017 年 1 月 21 日）

「午後４時から孝子路、三清路、紫霞門路など青瓦台を囲む道路を行進する事前行事が開かれ」、「午後６時に光化門広場でメーン行事が行われ、午後７時ごろから鍾路、乙支路、栗谷路、社稷路など12のルートで都心行進が続」く。「午後７時を前後して集会参加者数が急激に増え、市庁前から光化門を過ぎ、青瓦台の１００メートル手前まで道路を埋めつくした。西大門と鐘閣、南大門一帯も人波で埋まった」

もっとも、ソウル市内を知らない方はイメージできないだろう。光化門広場は幅34メートル、長さは５５５メートル、その外側に上下車線が挟むように通る。片側４車線ほどが通行止めされ、人で埋まっている。西大門、鐘閣、南大門まで入れると、半径２～３キロに及ぶ。各所に大型テレビ付きの10トントラックが配備され、高いクレーンからスピーカーが吊るされているから、メインステージ近くにいなくても集会の様子がわかる。ステージや音響設備の設置、レンタルトイレなどの経費は、募金、賛同金、参加団体分担金などでまかなわれた。

ソウル市のサポートと人権尊重の集会運営

朴市長が講演で触れているように、ソウル市のサポートは手厚い。私が参加した1週間前の２０１７年1月14日の第12回キャンドル集会を例に挙げよう。

「ソウル市は地下鉄の増便と終電延長などの対策を行う。土曜日のキャンドル集会に参加する市民の安全を確保し、不快感を解消するため、交通・安全・快適への対策を用意した。光化門広場とソウル市庁近くの地下鉄出入口の階段と手すり、通気口周辺などに２２４人の安全要員を配置して、事故がないように管理する。救急車10台をはじめとする消防車両23台と救急隊員など消防士１５８人が待機し、救急患者の処置や病院への搬送に備える。さらに、光化門広場周辺に移動トイレ2施設を設置し、民間建物・公共施設のトイレ２１０カ所も確保して、当日開放する。市庁本館1階ロビーと市庁清渓別館ロビーは、迷子の保護・忘れ物の申告・救急安全案内所として運営する」(『聯合ニュース(日本語版)』２０１７年1月13日)

さらに、特定の政党や政治家が主導する運動としないために、舞台での演説に政治家や選挙立候補予想者を登壇させなかったことも特徴的だ。裏方として多大なサポートをした朴市長でさえ、初期に一度登壇しただけで、以降は他の政治家と同じく紹介のみ。演説の大半は、食堂のおばさんや露天商のおじさんなどの一般市民、そして歌手や俳優、詩人などだった。

「尊重と配慮する集会文化を一緒につくりましょう」というマニュアルも作成され、配布された。そこには、こう書かれている。

①女性の卑下は止めましょう。「女性だから」(注：朴槿恵を指す)国が滅びたわけではありません。
②疾病や障がいを否定的に表現することを止めましょう。
③若い人たちに対する「ため口」や望まないアドバイスは止めましょう。
④不快感や性的羞恥心を感じさせる身体接触、ウインクのようなセクハラは止めましょう。外見をほめたり非難しても、相手を不愉快にさせます。
⑤国籍、人種、性的アイデンティティ、性的志向、服装などのアイデンティティや価値観についても、勝手に話したり意見するのは止めましょう。
⑥人を卑下してはいけないように、動物も卑下してはいけません。

韓国の社会運動史上、これほど平和的で、なおかつ人権の尊重と配慮に満ちた運動は稀だった。日本ではほとんど報道されなかったが、アメリカのＣＮＮやイギリスのＢＢＣをはじめとする海外メディアは特派員がライブ報道し、称賛の声をあげていた。

これらを支えた団体のひとつが参与連帯であり、その役割は大きい。たとえば、退陣行動の世話人約１００人のうち10人、共同議長５人のうち１人、情勢を判断して行動を決める責任者５人のうち１人、共同スポークス担当３人のうち１人が、参与連帯のメンバーである。集会の設営、デモ、機材準備など役割分担は10チームあり、市民参加チームの責任者をはじめ、デモ不許可への対応や告訴・告発などの法律対策、政策・企画の調整や市民へのメッセージ作成、報道対策、国会対策、ＳＮＳ運営、市民大討論会開催などの主要な活動を担っている。20年以上の運動の蓄積・経験と育成されてきたメンバーの能力がフルに発揮されたわけだ。

❸ 市民民主主義は発展途上

講演で朴市長が強調しているのは、日常的な取り組みの重要性だ。「『日常のキャンドル』を灯すことを提案したい。日常の民主主義が強固でなければ、どんな制度も砂上の楼閣である」

「選挙のときだけの民主主義も困りものだ。キャンドル広場のエネルギーが市民の暮らしに浸み込んで、自ら政治的市民としてすっくと立ち上がるとき、本当の変化が始まる」

これは、韓国現代史をたどれば自ずから生み出される、意味深い教訓である。

ポスト朴正熙の１９８０年以降だけでも、80年５月のソウル市での学生大行動、軍などによる大量虐殺が行われた光州(事件)民衆抗争、そして憲法改正を求めて大統領独裁政権に終わりを告げた87年民主化闘争など、１００万人を超える学生、労働者、市民が参加した行動が何度も起きている。

21世紀に入ると「キャンドル」行動が始まる。２００４年には民主派の盧武鉉(ノ・ムヒョン)大統領を保守政党が弾劾し、それに対して市民が「弾劾糾弾」の大闘争を展開して、憲法裁判所も弾劾訴追を棄却した。08年には本格的な「キャンドル」行動の始まりとなった米国産牛肉輸入反対行動に、中・高生や若い親を中心に参加。13年には、前年の大統領選挙時に国家情報院や国軍の機関などが不法に介入したことへの大抗議行動が行われた。

だが、それぞれの集会や行動は盛り上がり、要求や主張は広がったものの、一連の行動が終わってみれば事態は根本的には変わらなかった。盧武鉉政権時の保健福祉部長官を務めた元ＭＢＣテレビの脚本家・司会者の柳時敏（ユ・シミン）も、「民主的な制度があるからといって、民主主義が行われるわけではない」「それにふさわしい考え方をし、行動を取らなければ成熟した民主社会に進むことはできない」（萩原恵美訳『ボクの韓国現代史１９５９―２０１４』三一書房、２０１６年）と述べている。当事者ならではの重みがある振り返りだ。

だからこそ、朴市長は強調する。キャンドル市民革命で政権は倒せた、民主派の大統領も誕生した。だが、これからが本番なのだ、市民の力が試されている、と。そして、その市民の力を引き出し、下支えするのが、ソウル市という自治体なのだ、と。その理念に一貫性があるからこそ、第3～5章で紹介する各分野の政策立案と実施のすべてに、市民参加・市民参画を見ることができる。

日本で私たちに問われ、求められていることが、ここにあるのではないか。日本で永続的な「キャンドル」を見つけ、灯し、灯し続ける壮大な社会運動を起こしていく多くのヒントを、朴市長の言葉と実践から読み取ることができる。

第3章　まちを市民のものにする——人間中心の交通と「出かける福祉」

白石　孝

朴元淳市長になって、ソウル市政は大きく変わった。その具体例を、公約→政策遂行→評価という流れでみていこう。

公約については、第1章で「3大公約、5大市政目標、15大分野、327事業」を示し（18ページ参照）、公約がつくられるプロセスを簡単に説明し、それらがどう実施されたのか、あるいは実施されなかったのかの評価にも言及した（第6章も参照）。ここでは多方面にわたる政策のなかで、目に見えやすい交通分野と特徴的な福祉分野について紹介する。

❶　人間中心の交通政策

なぜ、まちが市民のもの＝バリアフリーになったのか

最近ソウル市に行かれた方は、まちの変化に気がついているだろうか。

こうしたホームドアがソウル市地下鉄の全駅に取り付けられている

たとえば地下鉄。ソウル市内には9つの路線が運行し、主要地点には地下鉄でほとんど行くことができる。地下鉄駅のホームドア取付工事は2005年から始まり、10年には全289駅で完了した。日本より取り組みはかなり遅いにもかかわらず(日本の地下鉄は1991年が最初)、あっという間に設置が進んだ。昇降についても、エスカレーター、エレベーター、簡易昇降機などがほぼ設置されている。

また、以前のソウル市街地は「階段社会」だった。通りを渡る際は、広大に張りめぐらされている地下街に下りては上がる。それを繰り返さねばならない。一日歩くとクタクタになったが、現在は横断歩道で平面移動できる。

歩道と車道との段差も解消工事が進み、点字ブロックもおおむね敷設された。歩道が駐車場と化していた光景はなくなり、本来の歩道に戻っている。その結果、かつてはめったに見かけ

歩道と車道の段差をなくし、車いすで自力移動できる横断歩道。左は自転車専用レーン、右下は点字ブロック

なかった車いす利用の障がい者やお年寄りの姿が、ふつうに見られる。

　これらの改善の大半は、交通分野のバリアフリーを推進する「交通弱者の移動便宜増進法」（２００５年制定、国土交通部所管）による。この法律の制定に寄与したひとつが、国家人権委員会だ。

　１９９３年に国連の主催で、オーストリアのウィーンで世界人権会議が行われた。それを契機に、初の民主派大統領である金大中が97年に選挙公約で、国家人権委員会設置計画を発表。紆余曲折を経て独立委員会としての国家人権委員会法が制定され、２００２年４月１日に発足した。任期３年の委員11人で構成され、国会選出４人（うち常任委員２人）、大統領指名４人、大法院（最高裁判所）長指名３人によって構成される。常勤職は３人で、人権に関する委員会にふさわしく11人中４人以上は女性指定である。主な業務は次の６つだ。

①人権に関する法制度・政策の調査・研究と、そ

の改善に関する勧告と意見表明、②人権侵害行為に対する調査と救済、③差別行為に対する調査と救済、④人権に対する教育および広報、⑤人権のために活動する団体・個人との協力、⑥人権に関連する国際機構や外国の人権機構との交流・協力。

もうひとつは、当事者などの市民社会団体の活動である。２００４年だったと記憶しているが、私がソウルを訪れたとき、国家人権委員会が入居するビルの窓と壁面に横断幕が掲げられていた。韓国の友人に聞くと、障がい者団体のメンバーが移動の自由を求めて座り込んでいると言う。そうした行動が交通弱者の移動便宜増進法制定につながっている。

国連などの国際基準と国内法の整備、独立性が担保された人権担当機関の設置、そして当事者などの市民社会団体の活動という３つの要素によって、まちが変わったのだ。それは、民主派政権が生み出した成果である。

人を優先する便利な交通環境をつくる

こうした国の取り組みに大きく上乗せして、より人にやさしい都市にしようと、ソウル市は長期的構想「交通ビジョン２０３０」を朴市長1期目の5大市政目標に基づいて、２０１３年12月に策定した。朴市長は、１９９８〜２００８年の民主派政権の成果をまちづくりにも継承しつつある。なかでも、交通分野は目に見えて変化がわかるので、改革を進めるソウル市政の典型的な事例として取り上げたい。

ソウル市の交通ビジョンは、5大市政目標の「④安全で持続可能な都市」に関する具体的な政策である。そこでは、「持続可能な都市計画体系を確立する」「安心して生活できる安全な都市をつくる」「人を

日本の路面電車のように、センターライン上に設置されているバス停留所

優先する便利な交通環境をつくる」「資源とエネルギーを〝消費する都市〟から〝生産する都市〟へ」が目指されている。

実際にソウル市内を歩き、交通機関を利用していると、明らかに変化しつつある。たとえばバス停留所の多くは、歩道側から日本の路面電車のような道路中央部に切り替わり、バスレーンも中央寄りとなった。低床バスも目立つ。バスレーンのおかげでけっこう早く目的地に着けるし、料金も安いから、地理さえわかればバスの利用価値は高い。

また、レンタル自転車もこの1～2年で市内各所に目立つようになった。日本でも増えつつある自転車専用道が麻浦(マポ)区のソンミサン地区(133～134ページ参照)で初めて開設されたのが2012年ごろだが、徐々に拡大している。歩道も広がりつつあり、歩きやすくなった。地下鉄の乗り換えはまだ不便で、改善途中ではあるが、変化のスピードは早い。

人が中心となる交通、共に利用する交通、環境に配慮する交通

交通ビジョン２０３０は、ソウル市が策定する交通政策の最上位計画で、今後20年間のすべての交通政策の基本計画となる。基本原則は「人・共有・環境」（人が中心となる交通、共に利用する交通、環境に配慮する交通）の３つで、２０３０年までに自動車に頼らなくても便利に生活できる都市に進化させる。これらは、急速に進む高齢化、クオリティ・オブ・ライフ（生活の質）の向上に対する市民の価値観の変化、先端技術の発達、気候変動とエネルギー枯渇など、最近の社会的・文化的変化を反映している。それを支えるのが以下の①〜⑪の11大約束である。以下、ソウル市のウェブサイト日本語版に基づき詳しく紹介していく（説明を補足した）。

（1）人が中心となる交通――歩道の面積を2倍に拡大、市内バスを１００％低床化、交通事故の低減

歩行者と自転車を優先する生活環境を整え、交通事故を画期的に減らす。

①歩行者優先の交通環境をつくる

- 市内の歩道（の幅を広げて）面積を2倍に拡大（現在は１０１３万㎡）
- 市内中心部にある景福宮正面の光化門から南へ向かう世宗路などを歩行者天国にし、徐々に市内各所へ拡大
- 学生街として有名な新村駅前を通る延世路に試験的につくられた「公共交通専用地区」の拡大
- 市内の観光スポット、文化エリア、ショッピングエリアなどを結ぶプロムナードの開発・造成

②自転車が中心となる生活環境の整備

・市内のどこからでも自転車を借りて移動できるように、公共自転車貸出システムを拡大実施
・自転車専用道を生活圏域にまで拡大し、公共交通機関との連携を強化
・公共自転車を都心の主要地点へ優先的に増大
・漢江および25区が個別運営している自転車貸出サービスと前述の公共自転車貸出システムの連携

③「交通安全特別市」の実現
・生活圏の交通環境を総合的に整備
・2030年までに市内すべての生活圏道路の制限速度を時速30キロ以内とし、交通死亡事故を防止
・車両を購入する場合、車庫の確保を義務化する「車庫証明制度」の導入を推進し、住宅街の違法駐車による歩行者の交通事故を削減
・バスやタクシーなど公共交通機関を利用した管理システムを構築し、交通違反や道路交通状況の情報をリアルタイムで収集・管理

④交通弱者と一般人の境界を感じさせないバリアフリーの交通環境とサービスを提供
・すべての市内バスを低床バスへ転換(現在は27%、2022台)
・地下鉄2号線城東(ソンドン)区のトゥクソム駅からソウルの森の間につくった「バリアフリーの街」を市内各所へ拡大
・一般タクシーを活用した障がい者呼び出しタクシーを継続拡大

(2) 共に利用する交通――全地域で駅から10分以内のアクセスと5分以内のカーシェアリング利用を実現

地下鉄・バスなど公共交通システムを再編し、道路空間・車両をシェアする共有の文化を定着させる。

⑤鉄道中心の効率的な公共交通システムの構築

- 需要の多い都市鉄道路線を中心に、急行サービスを拡大
- 都心を結ぶ鉄道網の構築
- 徒歩10分で駅にアクセスできる環境を整備
- 政府が推進しているKTX（韓国鉄道公社が運行する高速鉄道）路線と首都圏の広域急行鉄道などを通じて、漢陽（ハニャン：古くからの都心）・江南（カンナム：新たに開発された地区）・汝矣島（ヨイド：国会や官庁がある漢江の中の島地区）の3都心を急行で結ぶ、都心間幹線鉄道網の構築
- 鉄道サービスが受けられない地域を対象にモノレールを導入
- ソウル市周辺の首都圏を結ぶ広域鉄道網をさらに拡大

⑥速くて便利な公共交通サービスの提供

- 中央バスレーンネットワークの完成
- バス路線を鉄道支援型の支線・幹線システムに改編
- 早朝・深夜時間帯にもサービスを提供、通勤圏拡大による移動者増加などを考慮した「深夜専用市内バス」路線の拡大・調整、予約方式の「安心帰宅タクシーサービス」の提供など

⑦道路空間と交通手段を共に利用する「共有交通」の活性化

- 歩道、自転車専用道、車道を併設する「完全道路」を原則とし、新規建設あるいは整備時に実施に努力する

・カーシェアリングなどを普及し、車を所有しなくても便利に利用できる共有文化を定着させ、市内のどこからでも5分以内に利用できるように、サービス地点を292カ所（2013年）から1200カ所（30年）へ拡大。個人所有車を活用したカーシェアリングを長期的に推進

（3）環境に配慮した交通――都心に駐車場ゼロの施設を導入し、交通予測・警報システムを構築

2030年までに都心の乗用車の比率を18・4％から10％へ減らし、公共交通を環境配慮・省エネ型車両へ転換（0・2％→100％）。幹線道路内の混雑区間比率を19％から10％へ減らし、環境に配慮する交通を実現する。

⑧不必要な移動を減らす「移動低減社会」を目指す

・車両移動距離に合わせて通行料金を賦課する「走行距離に基づいた混雑料金制度」の導入

・都心に駐車場ゼロの大型施設を導入

・在宅勤務・ICT（情報通信技術）利用型スマートワークなど、柔軟な勤務システムを拡大し、特定時間帯に集中する車両を分散させ、通勤・出張などによる通行量を減少する

⑨環境にやさしい交通手段・施設の強化

・エネルギーを消費してきた道路を、エネルギーを生産して環境汚染物質を浄化する空間へ変える

＊バス乗車場所、街灯、防音壁、道路面などの公共交通施設を活用し、太陽光パネルなどエネルギーを生産する「エネルギー生産道路（Solar way）」を実現

＊汚染物質と雨水を吸収する道路舗装や、破損した路面を再生する「路上表層再生工法」などの導入

・バス・タクシーから一般の乗用車に至るまで、環境汚染物質を排出しない環境にやさしい車両を普及

⑩渋滞しない道路環境の実現

・幹線道路を地下化し、地上部を公園や自転車道など市民の生活・休憩空間として活用

・交通状況の予測情報を市民に提供し、交通条件を勘案した最適経路・手段・時間などを知らせる「交通予測・警報システム」を構築

⑪交通政策を推進し、定着させるにあたって、すべての過程を市民とコミュニケーションしてやり取りし、共感を得るなど、市民主導型「交通文化先進都市」を構築

・交通事業の計画段階から、一般市民・専門家・交通弱者などが直接参加・主導する政策ガバナンスとモニタリングシステムを構築し、施行初期段階に発生する問題点を最小限に抑え、有機的なモニタリングやフィードバックシステムを通じて政策を迅速に補う

乗用車の通行量を減らし、公共交通機関を利用して通勤時間を減らし、エコ交通の利用を拡大する

ソウル市ではこの11大約束を滞りなく推進していくとともに、２０３０年までに、乗用車の通行量を30％減らし、公共交通機関を利用して平均通勤時間を30％短縮し、エコ交通手段の利用比率を30％拡大する「トリプル30」を達成するという。その結果、ビジョンの最終時点である30年には、歩行・自転車・公共交通といったエコ交通手段率が現在の70％から80％へ増え、１人あたり温室効果ガス排出量は現在の年間１・２トンから０・８トンに減ると予測されている。こうして30年に、乗用車に頼らなくても便利に生活できる「ソウル交通特別市」へと進化するという、意欲的な交通政策である。

公約の進捗状況については、2期目の選挙(2014年6月)直前の5月15日段階で、ソウル市企画調整室が内部評価した「2014年上半期公約履行事項点検結果」を発表した。交通ビジョン2030では「11大約束」に40事業が挙げられている。そのうち33事業が完了とされ、履行完了率は82・5%と非常に高い。

では次に、事業全体の点検結果も紹介しておこう。

2 327公約の履行状況

5大市政目標、15大分野、327事業の全体評価の実施主管は、ソウル市企画調整室である。評価は、以下の根拠に基づいて行われる。

①ソウル特別市市長公約管理規則第7条(公約評価)
②第35代市長公約履行管理計画(2012年4月6日、企画担当官第3780号)
③2014年上半期公約履行事項点検計画(2014年5月2日、企画担当官第5250号)

実施基準日は2014年5月15日で、室、本部、国所管公約事業別に、基準日までの実績と履行度が点検された。履行完了度は、①完了、②履行後継続推進、③正常推進、④一部推進の4段階で評価される。これは、マニフェスト実践本部の評価基準(「公約履行完了度判断基準」)を準用している。

①完了――公約内容が履行され、終了した事業
②履行後継続推進――公約内容の履行後に追加目標を立てて推進中の事業および、履行後も同一事業が

表３-１　１期目公約の履行状況

分　野	公約数	履行状況		
		完了	割合	推進中
15	327	286	87.5%	41
1　堂々と享受する福祉				
①市民福祉	35	31	88.6%	4
②住居の保障	25	20	80%	5
③市民の健康	24	21	87.5%	3
④女性・家族	27	25	92.6%	2
2　共に良く暮らす経済				
⑤産業経済	17	14	82.4%	3
⑥雇用経済	38	33	86.8%	5
3　共に創造する文化				
⑦文化・観光	14	13	92.9%	1
⑧教育	18	18	100%	0
4　安全で持続可能な都市				
⑨都市再生	15	11	73.3%	4
⑩環境	25	22	88%	3
⑪交通	40	33	82.5%	7
⑫安全	9	8	88.9%	1
5　市民が主体となる市政				
⑬地域（マウル）共同体	9	8	88.9%	1
⑭市民参加行政	14	14	100%	0
⑮財政	17	15	88.2%	2

繰り返される事業

③正常推進――公約内容が正常に推進中で、任期終了時点までに履行が予想される事業

④一部推進――推進しているが、目標を達成できそうにない事業

点検結果によると、１期目の任期２年５カ月（２０１２年１月～14年５月）間の公約事業中、完了（履行後継続推進を含む）の公約比率は87・５％だった。とくに、教育（１００％）、市民参加行政（１００％）、文化・観光（92・９％）、女性・家族（92・６％）分野の完了度が高い。これらは、予算上の制約と阻害要因が相対的に少ない分野、既存施設や人材を活用したサービス提供が可能な分野だった。交通（82・５％）、住居の保障（80％）、都市再生（73・３％）分野の完了率が多少低いのは、大規模予算が必要と

されるインフラ構築関連の中・長期事業が多いことによる(以上は脇田滋氏の訳に基づく)。

これらの事業の履行状況を見ると、第6章でも触れているように、政策立案が市民参画と行政との連携で行われていること、政策立案から実施のプロセスが一貫していること、行政情報の公開度と透明性が高いことなどが際立っている。また、私がインタビューした徐旺鎮政策首席秘書官は「立案までは大変だが、いったん決定すれば実施は早い」と述べていた。そして、何よりも参考とすべきは、政策思想がぶれないことだ。人間を立体的・多面的に捉える政策がどの分野にも共通している。その典型として福祉を取り上げたい。

3 まちに出かける福祉

住民センターを住民自治の拠点にする

7ページで韓国の地方自治体の仕組みを説明したように、「洞(トン)」は市で住民に最も近い(市によっては、さらに統や班がある)行政機構だ。その洞に「住民センター」が設置されている。日本の市町村の支所、出張所、市(住)民センターなどと同様に、行政機関の末端組織として、住民登録や税、社会保険などの事務的窓口になっている。この住民センターを福祉、保健、さらに住民自治醸成の拠点に位置づけようというのが、「訪問する洞住民センター」の目的だ。

訪問する洞住民センターの中心は「出かける福祉」(出前型福祉サービス=チャットン)事業である。その発端は第6章で詳しく紹介する「松坡(ソンパ)三母娘死亡事件」であり、事業の主眼は福祉の死角地帯の解消に置かれている。ただし、その長期目標は朴市長自身が語っているように、行政組織である洞住民センターを住民自治の拠点へと大きく変えることである。

「洞住民センター推進基本計画」が策定されたのは、松坡三母娘死亡事件が起きた7カ月後の２０１４年9月だ。事件直後の世論の批判が大きかったという背景もあるが、市長の並々ならぬ思いと決意があったからこそ対応が早かった。

第一段階として２０１４年12月に対象自治区を公募し、25区のうち13区80洞を選定。15年7月に事業がスタートした。城東（ソンドン）、城北（ソンブク）、道峰（トボン）、衿川（クムチョン）の４区では、公選区長が積極的に対応した結果すべての洞での実施となった。16年7月からは第二段階が始まり、14区２０３洞が加わる。そのうち13区では全洞で実施された。さらに、17年7月からの第三段階では合計24区（政権野党が区長を務める江南（カンナム）区以外）の３４２洞で実施され、18年には全区で実施される予定だ。

「出かける福祉」は、巨大都市ソウルで生活困窮者を公務員が直接見つけ出し、福祉サービスと住民主導のもとで、人と人のつながりの回復を通じて連帯を取り戻す事業である。言い換えれば、地域のきめ細かいセーフティネットを達成する事業だ。福祉、保健、地域共同体（村＝マウル）、行政事務の４つに分けられ、分野間の有機的結合が特徴である。つまり、セーフティネットの強化と住民自治の実現という２つの戦略的目標を立てて進められている。

まちのコーディネーターによる訪問とワンストップ型サービスの提供

出かける福祉事業を実現するため、第一に、洞住民センターの全職員が「わが町の主務官」（以下「まちのコーディネーター」と呼ぶ）という新たな名称で、洞内の区域を分担する。また、65歳と70歳になった高齢者家庭、出産した家庭、生活困窮者を直接訪ねて、それぞれがかかえる問題を解決できるように、ひとつの洞につき社会福祉公務員５人、訪問看護師１～２人を補充する。

①65歳と70歳になった高齢者家庭の訪問

社会福祉公務員と訪問看護師が事前に連絡して、二人一組で訪問。基礎年金などの福祉や健康に関する情報を伝え、相談にのり、健康チェックを通じた予防的健康管理を実施する。血圧、血糖値、うつ症状、認知状況などを継続的にチェック。問題を見つけた場合は、認知症支援センターや医療機関などと連携して対応した。

②出産家庭の訪問

社会福祉公務員が事前に連絡して訪問し、必要に応じて保健所の乳幼児担当訪問看護師が同行。新生児（0歳児）・産婦の健康診断や、産後うつの診断を行うとともに、出産支援費、養育手当や保育料支援案内などの情報を提供し、民間事業者と連携して持続的に見守る。さらに援助を必要とする家庭には、２歳まで乳幼児担当訪問看護師が継続的に見守る。加えて、産後うつや糖尿病予防の講座開催や住民サークルの支援を実施した。

③生活困窮者の訪問

まちのコーディネーターと「統・班」（7ページ参照）長などが事前に連絡して、顕在化していない脆弱階層家庭を二人一組で訪問し、実態を調査する。継続して見守りが必要な対象者や複合的な問題をかかえている対象者には、洞単位で見守っていく。

第二に、福祉相談専門官(員)の導入により、住民の多様なニーズに対応できるワンストップ型サービスを実施する。福祉相談専門員を区域別に1~2人配置して、福祉・保健・雇用など生活全般に対する福祉サービスを提供。洞単位で各事例を管理し、まちのコーディネーターとともに当事者中心の統合的な問題解決を支援する。

①まちのコーディネーター

区域別の専任担当公務員が住民の生活全般を調査して、出かける福祉をサポートする事業所や協力者を見つけて連携し、住民のネットワーク形成と民間の協力体制をつくり出す。想定されている協力事業所は、メンタルヘルスセンター、認知症支援センター、民間の地域福祉館、地域共同体支援センターなど、協力者は税理士、弁護士、統・班長、隣人(分かち合い隣人と呼ぶ)などだ。また、水道検針員も挙げられている。各家庭の水道使用量によって生活状態が把握できるからであろう。水道検針員は外部委託されていたが、労働組合の強い要求もあって直接雇用に再転換された。

②福祉相談専門員

少なくとも3~5年間の福祉業務経験をもつ社会福祉士が、住民の要求や生活実態と連携した総合的福祉サービスの紹介、相談、提供を行う。地域資源である医療機関、地域団体、税理士などと連携し、住民の要求や生活状態に対応したきめ細かいサービスを提供する。

地域住民との連携

こうした行政サービスに加えて、地域を最もよく知る住民が自分たちで問題を解決する、住民主導の地域ネットワークをつくっていく。住民の力量を強化したうえで、綿密なネットワークのもとで地域の一体感と持続性を高め、洞住民センターがサポートして支援基盤を整備するのだ。

①地域づくり専門家との連携

地域の特性と住民をよく知る民間専門家を洞ごとに1人ずつ「村事業専門家（地域づくり専門家）」として指定し、住民の意見を積極的に集め、住民が立てた地域計画を行政に反映させる。地域づくり専門家は、地域計画の中心となる各種機関と住民が円滑につながるように仲介していく。そして、以下の③などのような地域の特色を反映した住民中心の事業を生み出し、地域ネットワークの基盤をつくる。

②住民主導の共同体をつくる

住民が主導した地域計画を実践するために、主な事業計画を決める住民総会、地域のニュースを伝える新聞の発行やＳＮＳによる発信、福祉問題を解決する「地域福祉基金」の設立などを行う。

③開かれた市民スペースの運営

洞住民センターを従来の請願や行政事務処理中心の場から、地域住民中心の開かれた場に転換する。まず、機能の変化に合わせて業務スペースを追加・再配置し、活用度の低い遊休スペースを住民が自由に利用できるブックカフェや映画館などの開かれた場へ改修する。

そのために、ソウル市の考え方を理解する建築専門家約２００人が参加し、「1人1センター担当体制」で、住民との協議に基づいて、洞住民センター内に開かれた市民スペースをつくる。担当建築家は住民の意見集約はもとより、企画から設計・施工・事後管理までの全過程を住民とともに担う。開かれた市民スペースの運営をとおして、洞住民センターがコミュニティの中心となり、住民自らが孤立している隣人の消息を自然に伝え、地域に関心をもって問題を解決する基盤が形成される。

1年目の実績

ソウル市のウェブサイト（日本語版）には、これらの取り組みの２０１５年度の成果が総括的に報告されている。

「待つ福祉から、行政が住民と協力して生活困難（貧困・危機）家庭を見つけ出し、直接訪問して最後まで責任を負う〝訪問する福祉〟へと大きく転換した」

「洞単位に新たに配置された、まちのコーディネーター、社会福祉公務員、訪問看護師が接した住民は２０１４年度比２・５倍だ。訪問相談の過程で、住民と接して地域事情に明るくなり、生活困難家庭を多く掘り起こした、それぞれの個別状況に応じて、（国の福祉政策の水準を上回る）〝ソウル型緊急福祉〟を適用。緊急生計費と住居費を支給するか、福祉、住居、健康、雇用などの総合相談を行った」

「複数の問題をかかえるなど解決困難な事例には、民間機関と福祉相談専門員などによる総合事例会議などで支援策を検討した」

以下、分野ごとに２０１５年６月からの初年度（１年間）の実績を紹介していこう。

①高齢者家庭――65歳到達者１万６９４５人中１万４４５０人（61・７％）、70歳到達者１万２６３７人中７３２７人（58・０％）、70歳を超える高齢者１万２９６２人を訪問。

②出産家庭――新生児をもつ２万７０６９家庭中５６８３家庭を訪問（20・５％）。

③生活困窮者――対象者７万２１６人中６万１９８４人を訪問（88・３％）。

こうした訪問の結果、健康面でケアが必要な住民7209人（虚弱老人5556人、認知症855人、うつ症状796人など）を把握できたという。その内訳は、職員35％、本人の申告30％、統長・隣人への依頼21％である。また、相談件数が95％、福祉給付が14％増えた。基礎生活費給付（生活保護）は2・74倍になり、新たな対象者は1万2281人である。なお、出産家庭に関する満足度調査では、対象全家庭が10点中9・04点、継続訪問家庭が9・28点と、高く評価されている。

地域共同体の活動

たとえば、城東区の鷹峰（ウンボン）洞住民センターでは職員専用食堂がカフェに、聖水（ソンス）1街1洞住民センターでは通路の一角が子ども図書館に、衿川区の禿山（トクサン）3洞住民センターでは申請控室が映画館に、それぞれ生まれ変わった。冠岳（クァナク）区の住民連帯などの先行事例とコラボレーションした事業もある（第5章2参照）。

また、地域住民の自主的コミュニティ組織である「マウル活躍所」が7カ所で開設された。住民協議組織の「マウル改革団」は14洞でつくられ、10～70代の多種多様な職業に就く住民や自治委員、統・班長などが参加。生活の安全、インフラの整備、環境美化などの課題の解決を図っている。また住民の提案で、城北区の貞陵（チョンヌン）川周辺の暗く危険な場所に壁画を描いて明るくし、散歩できるエリアに改善したという。

地域共同体の実績データ（2015年度）を整理して紹介しよう。

①地域住民による計画

61・３％が公共性の高いテーマを取り上げている。その内訳は、生活の安全28％、インフラ整備・環境美化19％、地域メディア15％、教育11％、文化・イベント10％など。

②計画主体

住民による立案までの主導50・６％、官民協力28・１％、住民の提案を洞が実現21・３％。

③洞住民センターの施設改善

「いつでも開かれている施設」「福祉機能強化のための施設改善」「経済的で実用的な活用」「ユニバーサルデザインの適用」「専門家＝建築家の参加と協働」といったコンセプトで施設改善を進め、座れるスペースの拡充、相談室の改善、住民利用スペースの拡充などを実現した。また、住民主体で、夜間市民劇場、ブックカフェ、映画館などが開設されている。

④洞住民センター職員への研修

洞長や職員７５３９人を対象に、福祉リーダー育成教育を実施。

⑤地域ボランティア育成（分かち合い隣人事業）

ボランティアとして生活困窮家庭をサポートする住民を洞単位で育成。

⑥「分かち合いの店」事業

商店や学習塾など、事業者が地域内の生活困窮者に生活必需品やサービスを提供する。目標は２０１７年度１０００件、18年度３０００件。

２０１６年7月には第二段階がスタート。その出発式で出かける福祉事業推進委員長は、改めて住民の一層の参画を求める事業の主旨を確認した。

「この事業の必要性は、とくに生活苦による自殺や急増する福祉ニーズに対する公的責任を、より能動的に進めることにあります。住民の生活に潜在している必要な福祉施策を見つけ出し、サービスを提供するために始めました。しかし、その第一線を担う現場行政組織である洞住民センターだけでは実現できません。そこで、これまでの実施体制を転換することにしました」

さまざまな評価

ソウル市の祥明(サンミョン)大学家族福祉学科のホン・ヨンジュン教授は、高く評価している。

第一に能動性。直接、福祉を享受していなかったが、健康に不安をかかえる家庭を見つけてサービスを提供した。また、洞住民センターの公務員(社会福祉公務員)と訪問看護師が一緒に、65歳到達者や妊婦と幼児がいる出産家庭、引きこもりなどの脆弱階層家庭を訪問して、福祉サービスと健康サービスを統合的に提供した。出かける福祉が普遍的福祉への具体的な出発点になった点で、非常に大きな意味がある。

第二に統合性。福祉相談専門員と社会福祉公務員を通じて、対象者への統合的なワンストップ型サービスを提供し、保健と福祉の統合的サービスも目指されている。この結果、洞単位で、公共と民間の連携により、担う主体とサービス内容の従来のような重複や欠落が解消され、対象者が効果的に管理される。

第三に自治性。住民がつくる地域共同体は、住民が中心となって対象者の発掘とサービスネットワークの実現に向けて努力している。つまり、住民主導で地域の課題を発掘し、その解決策まで提示する、「住民が地域の中心となる共同体」を形成しようと努めているのである。

第四に改革性。その代表的事例は、洞長など公務員の役割変化である。まちのコーディネーター事業を通じて、洞住民センターの公務員が担当区域を直接訪れ、住民とのコミュニケーションを通じて、課題解決へ向けた住民密着行政を試みている。また、住民の参加スペースを確保して、民・民、民・官のコミュニケーションを円滑にしようと、洞住民センターの再設計を行った。このスペースで多くの住民が地域の課題を議論し、住民間のネットワークが厚くなり、官との協力も強固になった。

一方で、批判的意見も出されている。たとえば、大邱市の嶺南（ヨンナム）大学セマウル国際開発学科のキム・ポヨン教授は、官と民との関係、行政による地域共同体への過度な介入を懸念している。

「制度設計段階から、公共と民間の役割に矛盾がある。福祉と保健の連携は理解できるが、普遍的福祉を目指す公的責任と、自主・自発を原則とする住民自治を実現しようとする地域共同体の育成とは、相反する。また、行政が個人の生活を過度に侵害するのではないか。国家による日常生活までの情報収集活動は、福祉や健康事業のためという『善意の行政』を超える懸念がある。さらに、多額の財政投資に対して成果が明確ではない。普遍的福祉といっても、訪問・情報案内・相談にとどまり、根本的な課題の解決にはなっていない」（いずれも脇田滋氏の訳から抜粋）

人間丸ごと人権自治体政策

２０１７年６月に私は、民間支援組織のスタッフにヒアリングを行った。出かける福祉事業を実施する中間支援組織である麻浦（マポ）区総合社会福祉館の館長（社会福祉士）は、こう語っている。

「この事業では予算が確保され、資格を持つ者を採用しています。申請主義から訪問へと転換し、洞住民センターの公務員の意識が変わり、事業に前向きになりました。硬直的な公務員スタイルから変わりつつあるのです。洞住民センターが地域住民たちのものになり、住民が生活困窮者のサポーターになりました。そうした事例が少しずつ増えています。

『共助への丸投げ』『公的責任の後退』という疑問があるかもしれません。しかし、基礎生活保障制度が生活困窮者の最後の砦にもかかわらず、これまでは自助や家族に押し付けられてきました。だから、掘り起こしていくために地域住民の共助は必要です。行政と地域住民で役割分担して、むしろ公的責任を強化したのではないでしょうか。実際、洞住民センターがやるべきことを民間の支援機関である福祉館なども同様に果たしているし、その役割は大きい。ただし、公務員は増えましたが、民間支援組織のスタッフはまだ増員できていません。さらに、メンタルヘルス、再開発に伴う住宅問題、児童虐待やＤＶへの対応は今後の課題です」

日本にも、福祉先進自治体や個々の福祉事業体の素晴らしい取り組み事例はある。福祉面だけを取り上げれば、出かける福祉事業がきわめて先進的とまでは言えないだろう。だが、貧困や生活の困難を地域という面で捉え返し、公共資源である洞住民センターを再設計し、直接雇用正規職の雇用拡大とも連動させ、市民民主主義の育成とマッチングしようという試みは、非常に野心的だ。朴市長は中期課題として、保育や教育との連携も視野に入れていると語っている。「まずは動く」「試行錯誤しながらでも進める」という姿勢に学びたい。出かける福祉事業は、人間丸ごと人権自治体政策と言える。

麻浦区城山総合社会福祉館
（梨花女子大財団が受託運営）
の曹智慧（チョ・ジヘ）館長

第4章　市民の人権を守る労働政策

上林陽治

1 労働尊重特別市ソウル

「敬愛なるソウル市民の皆様。ソウル市職員の皆様。すべての成長の目標は、人を対象とすべきです。すべての成長の結果は、人の幸せであるべきです。ソウルのすべての成長の果実は、市民1000万人みんなが享受できるものでなければなりません。働きたい人は誰でも働ける雇用創出につながり、成長した分だけ質の良い雇用が増える、雇用特別市を目指すべきです。

2016年は『労働尊重特別市ソウル』が定着するでしょう。『労働者の権利と利益の保護』『模範的使用者の役割の確立』など、市民の労働基本権が保障される環境が構築されます。経済と社会の根幹を安定化させる、人への投資も一層強化します。生存するための最低賃金にとどまらず、人間らしい生活を保障する生活賃金制度を民間分野にも広げ、２０１７年までに非正規雇用の正規雇用への転換を１００％完了させることにより、労働の常識を取り戻し、雇用の質が大きく改善されるソウルを目指してまいります」

（朴元淳ソウル市長の２０１６年年頭挨拶から抜粋）

２０１１年10月の前市長辞職に伴う選挙で当選した朴元淳市長は、矢継ぎ早に市民重視の政策を実現している。革新的政策の中心はワンパッケージとして計画され、展開されている、「労働尊重特別市ソウル」という名称で表現される一連の労働政策である。

韓国も日本と同様に、労働行政は国が一元的に担うべき仕事とされ、地方自治体が労働政策を積極的に展開することはなかった。だが、ソウル市は地方自治体として初めて、労働政策専門部署として労働政策課を設置。労働補佐官や労働協力官などのポストも新設した。そして、独自の労働行政を進めるために、労働組合、使用者、学者のほか、女性団体や青年団体などと協議を進め、朴市長自ら「雇用大長征」と称してソウル市内のさまざまな現場を訪ね歩いた。

「労働尊重特別市ソウル」という考え方は、市長選挙立候補時の選挙公約＝「希望約束」で、「創造的で持続可能な、良質な雇用づくり」としてすでに示されていた。そして、２０１６年の年頭挨拶で、就任以来の労働政策を一つひとつ取り上げ、労働の常識を取り戻し、雇用の質が大きく改善されるソウルを目指すことを市民に約束した。

これまで進められてきた労働政策で、ソウル市は次の３つの役割を果たしたと筆者は整理している。

第一に、事業主としてのソウル市で、直接雇用の非正規労働者だけでなく、業務委託されたソウル市の事業に従事する労働者も、ソウル市が間接的に雇用する非正規労働者と捉え、直接・間接雇用の正規職化事業に取り組んできた。

第二に、地域最大の経済主体としてのソウル市で、生活賃金条例の制定と、業務請負契約などの入札改革などを通じた、生活賃金水準に基づく質の高い公契約規整である。

そして第三に、労働政策主体としてのソウル市で、労働者としてのソウル市民の権利と利益を保護する施策を次々と実現している。

❷ 中央政府における公共部門・非正規労働者の正規職化事業

韓国社会は１９９７年のＩＭＦ危機以降、労働の非正規化が加速し、政府統計によると２００４年に37%とピークに達した。この時点で、盧武鉉政権は公務の率先垂範を打ち出し、非正規労働者の正規職化対策を講じた(1)。

盧武鉉政権における公共部門の非正規職対策

２００３年４～10月にかけ、公共部門で働く非正規労働者の実態に関する調査(「２００３年実態調査」)

(1) 韓国中央政府の公共部門における非正規労働者の無期転換事業の経緯については、徐侖希「韓国の公共部門における非正規勤労者(期間制勤労者)の無期契約勤労者への転換と課題」『労働法律旬報』２０１５年12月下旬号、28ページ以下、参照。

表4-1　部門別の公共部門正規職・非正規職比較(2006年、2013年)

区分	2006年				2013年			
	合計	直接雇用		派遣・請負	合計	直接雇用		派遣・請負
		正規	非正規			正規	非正規	
合計	1,553,704	1,242,038	246,844 (15.9%)	64,822 (4.2%)	1,760,647	1,408,866	239,841 (13.6%)	111,940 (6.4%)
中央政府	273,715	243,408	22,813 (8.3%)	7,494 (2.7%)	285,171	259,402	19,038 (6.7%)	6,731 (2.4%)
自治体	383,801	311,564	67,595 (17.6%)	4,642 (1.2%)	377,652	313,037	53,340 (14.1%)	11,275 (3.0%)
公共機関	368,384	271,655	54,614 (14.8%)	42,115 (11.4%)	453,508	324,859	56,446 (12.4%)	72,203 (15.9%)
教育機関	527,804	415,411	101,822 (19.3%)	10,571 (2.0%)	644,316	511,568	111,017 (17.3%)	21,731 (3.4%)

(出典) 韓国雇用労働部調べ。

を実施。非正規労働者が23万4315人(全体の18・8%)で、このうち「調理補助(給食調理員)」「事務補助」「環境美化員(清掃労働者)」「期間制教師(常勤講師)」「時間講師(非常勤講師)」が43・1%に及ぶことを明らかにする。この結果を踏まえ、04年5月の「公共部門非正規職対策」で、前記職種の雇用安定と処遇改善として、環境美化員、道路補修員、職業相談員などの契約職の無期転換を打ち出す。

さらに、2006年8月に「公共部門非正規職総合対策」を策定。常時・持続的な業務従事者を無期転換することを打ち出すとともに、2回目の公共部門非正規労働者の実態に関する調査(「2006年実態調査」)を実施した。同調査では、公共部門の非正規労働者の範疇を、直接雇用の非正規職だけでなく、業務請負先の非正規労働者も公共部門の非正規職と捉えて対象とした(2)。同調査における非正規労働者は、直接雇用24万6844人、間接雇用(派遣・請負・用役)6万4822人、合計31万1666人である(表4—1)。

この結果を踏まえ、2007年6月に「無期契約転換、外注化改善および差別是正計画」が策定され、常時・持続的な業務従事者のうち、07年5月31日現在で勤務期間が2年以上の者を無期転換するとした。

２００７年７月に、期間制および短時間労働者保護等に関する法律（以下「期間制法」という）が施行される。期間制法では、有期雇用の総期間が２年を超える場合は、例外条項に該当しないかぎり、期間の定めのない労働契約とみなす。これは、日本で13年に施行された改正労働契約法の「５年ルール」より短い。そのほかにも、労働条件の書面明示義務、優先雇用の努力義務など、非正規労働者の保護のための条文が規定された。期間制法は、韓国の国・地方自治体の直接雇用の非正規労働者に適用されている。なぜなら、これら公共部門直接雇用の非正規労働者には公務員法が非適用で、期間制法を適用除外としていないからである。

李明博政権における公共部門非正規職の雇用改善対策

公共部門の非正規職対策は、李明博政権でも引き継がれる。２０１１年６月27日、李明博大統領は、

（２）韓国社会における正規職と区別される非正規職とは、日本の有期雇用・短時間雇用・派遣社員や個人請負社員などの間接雇用に限らず、社内下請工や零細企業の従業員なども含まれる。「韓国における正規雇用と非正規雇用の違いは、労働基準が（概して）守られる大企業と十分には守られない零細企業との違いに相応する部分が大きく、また同じ企業で働いている『正規雇用』と『非正規雇用』の違いも、結局は、直接雇用された従業員と、請負業者に雇われた社内下請従業員との違いである場合が多い」（有田伸『就業機会と報酬格差の社会学――非正規雇用・社会階層の日韓比較』東京大学出版会、２０１６年、２２６～２２７ページ）。すなわち、同じ事業所で働く委託業者の従業員も「非正規」なのである。そのため、盧武鉉政権以降の調査で、下請企業の従業員が間接雇用の非正規として把握されている。「非正規」対象をこのように捉えると、日本の非正規割合はさらに高まることになる。

「正規職と非正規職の間で理不尽な差別があってはいけないし、公共部門が率先しなくてはいけない」と指摘した。この発言の背景には、地方選挙での当時の与党勢力の敗北があったと言われる。同年11月28日には「公共部門非正規職雇用改善対策」が打ち出され、3回目の実態調査(「2011年実態調査」)が行われた。

この2011年実態調査では、公共部門の非正規労働者は34万5776人(直接雇用24万9933人+間接雇用(派遣・請負・用役)9万9643人)であった。2006年調査と比較すると、直接雇用非正規労働者数は横ばいで、間接雇用非正規労働者数はむしろ増えている。期間制法は、国・地方自治体で働く直接雇用の有期労働者にも適用されるなか、無期転換義務を免れるために、公共部門でも間接雇用(業務委託など)へシフトする圧力が作用したのである。

2011年実態調査結果を受け、李明博政権は12年1月16日、「常時・持続的業務従事者の無期契約転換基準等公共部門非正規職雇用改善推進指針」を策定。常時・持続的業務(過去2年以上、将来2年以上)従事者/1年のうち11カ月以上勤務する者/55歳未満の者を正規職化対象者とし、その人数は、直接雇用非正規労働者の3割弱に該当する6万3735人であるとした(ただし、実際に正規職化したのは2万2069人にすぎなかった)。

朴槿恵政権における公共部門非正規職の正規職転換計画

朴槿恵政権でも、公共部門の非正規職対策は継続する。

2013年に、「2013~15年公共部門非正規職の正規職転換計画」が立てられ、非正規職35万17

表 4-2　2013 年の改善対策と３年間の転換実績

区　　分	転換計画(累計)				転換実績(3年累計)	
	合計	2013年	2014年	2015年	合　　計	
合　　計	65,896	30,904	20,003	14,989	74,023	(112%)
中央行政機関	7,174	2,499	3,388	1,287	7,501	(105%)
地方自治体	8,035	2,683	2,584	2,768	7,522	(94%)
中央公共機関	13,298	5,485	5,037	2,776	15,845	(119%)
地方公企業	2,860	929	950	981	3,128	(109%)
教育機関	34,529	19,308	8,044	7,177	40,027	(116%)

(資料) 関係部署合同報道資料「公共部門非正規職１万 5000 人余り 2017 年まで正規職(無期契約職)追加転換」2016 年２月 18 日。
(出典) 社会公共研究院(韓国公共運輸労組の研究機関)発行『公共部門非正規職政策評価研究』2017 年３月。

８１人のうち、６万５８９６人(18・7%)を対象とした。この計画で初めて実績が計画を上回り、３年間の実績で７万４０２３人(１１２%)という結果となった(表４―２)。これは皮肉にも、朴槿恵政権の政敵でもあった朴元淳市長のソウル市の無期転換事業が寄与したのである。

❸ 事業主として非正規労働者の正規職化を進める

このように韓国中央政府は、労働市場の非正規労働者対策として２００７年に期間制法をはじめとする非正規労働者保護法を施行し、公共部門の非正規労働者対策も進めてきたものの、その処遇改善・権利保護の改善は目覚ましいものではなかった。これに対して、朴市長は選挙公約である「希望約束」において、「持続可能な発展と社会・経済の二極化を解消するために非正規労働者問題に先導的に対応する」ことを掲げ、就任後、次々とその「希望約束」を実現していく。

直接雇用非正規労働者の正規職化事業

ソウル市は２０１２年３月、「公共部門第一次非正規職雇用改善対策」を公表。５月１日に第一次措置として１１３３人、13年１月１日に第二次措置として２３６人、合計１３６９人の直接雇用非正規労働者の無期転換措置を実施した。

①広い適用範囲

ソウル市の無期転換措置の大きな特徴は、その適用範囲にある。前述のように、李明博・朴槿恵政権の無期転換基準は、①年間継続する業務で、過去２年以上続き、今後２年以上維持継続する見込みの業務に従事し、②年間11カ月勤務する者のうち、③55歳未満を転換対象者としていた。これに対してソウル市の無期転換基準は、①年間継続する業務で、今後２年以上維持継続する見込みの業務に従事し、②年間９カ月以上勤務する者のうち、③60歳未満を対象としていた。

転換対象者の範囲は、中央政府より広いことがわかる。たとえば冬の寒さが厳しいソウル市では、冬の２カ月間は凍結する漢江や公園緑地の清掃作業を行えない。こうした非正規労働者のように中央政府の基準を満たさない者も、ソウル市では無期転換の対象者とした。55～60歳の高齢者の場合も同様である。さらに、期間の算定も、短期雇用契約を繰り返すことで無期転換措置の対象とならなかった有期雇用労働者を救済するために、契約期間ではなく在職期間とすることで、即座に無期転換を実現している。これらの結果、２０１２年5月時点の直接雇用非正規労働者４９９０人のうち１３６９人(27・4％)を、第一次措置で無期契約転換としたのである(表４―３)。

②処遇改善を伴う正規化

表4-3　ソウル市の第１次・第２次直接雇用非正規職の正規職転換実績

（単位：人）

	非正規労働者数	転換除外		転換対象（転換者数）
		一時・断続	法・指針除外	
総　　計	4,990	1,682	1,939	1,369
第１次無期転換措置（2012.5.1）	3,101	880	1,088	1,133
第２次無期転換措置（2013.1.1）	1,889	802	851	236

（出典）ソウル市雇用労働政策課発表資料から筆者作成。

また、韓国社会では、非正規労働者の無期契約転換後の労働条件が、非正規時の低い労働条件のままである事例が多い。これらのケースは、正規でも非正規でもない「中規職」と呼ばれた。これに対して、ソウル市の無期転換事業は処遇改善を伴い、まさしく正規化事業と呼ぶにふさわしい。

正規公務員と直接雇用非正規労働者との格差解消は、まず給料表の適用問題として現れた。日本と同様に、韓国の公務員給与制度も経歴・勤続年数による号俸制をとっている。ソウル市では、無期転換した労働者に号俸制を全面的に適用し、勤続年数に応じる昇給とした。その結果、直接雇用転換者の平均年収は、１５００万ウォン（１５０万円）から１８００万ウォンへと２割上昇。福利厚生上のメニューの利用に使用される福祉ポイント、退職金、健康診断料、年次有給休暇の買い上げ、時間外手当なども整備した。とりわけ、福祉ポイントは正規公務員と同一適用される。新規採用者についても、新たな号俸制に基づいた賃金と昇給制度が適用された。

③「公務職」という名前の付与

ただし、直接雇用・無期転換が実現したとはいえ、転換された者には、ソウル市で働く「公務員」とは異なるという心理的な壁の問題がある。２０１１年12月19日、就任直後の朴市長が民間の公共サービス事業労働者を組織化する労働組合の幹部と面会した際、労働組合幹部は市長に要求書を提出し、次のように要請したという。

「私たちは名前のない労働者です。だから、私たちに名前をください。公務職という名前をください」

これを受けてソウル市は２０１２年5月1日、新たに直接雇用した労働者について、公務員法が適用となる「公務員」と対比させ、「公務職」と名づける規程を制定し、「公務職証」と書かれた身分証を発行した。公共部門の清掃、警備・施設管理などの現業部門に従事する労働者は、当初「日雇人夫」、その次は「常用人夫」と呼称された。そして、１９９９年から「常用職」に変更され、市民に公共サービスを提供する主体であることを表す「公務職」へとつながっていく(3)。

④転換対象からはずされた者の処遇も改善

この無期転換措置は一定の要件を付して実施されており、ソウル市に勤務する非正規労働者全員が無期転換したわけではない。表４―３に示したように、全非正規労働者の7割強の３６２１人は転換除外となった。転換除外労働者を放置したままでは新たな格差が生じるので、その処遇改善も進めていく。公務員・公務職・非正規労働者にかかわらず、年間福祉ポイントを一人あたり１３０万ウォン(13万円)、正月などの休暇手当として1年につき１１０万ウォンを付与することとした。

間接雇用労働者の直接雇用化・無期転換措置

①さらなる無期転換と条例の施行

ソウル市は２０１２年12月、「公共部門第二次非正規職雇用改善対策」として、市の業務委託事業で働く間接雇用労働者を対象とし、今後5年間で段階的に無期転換すると発表した。ソウル市の出資団体であ

表 4-4　ソウル市の間接雇用非正規職の正規職転換過程

業　務	2013 年	2014 年	2015 年	2016 年	2017 年
清掃	4,255人（直接・期間雇用）		正規職転換		
警備、施設管理		1,249人（直接・期間雇用）		正規職転換	
その他			423人（直接・期間雇用）		正規職転換

（出典）金鐘珍『共に歩む労働』ソウル研究院、2016 年、28 ページ図表（脇田滋氏の仮訳による）。

るソウルメトロならびにソウル都市鉄道公社の労働者が７割を占め、大部分が清掃労働者である。

第一段階（２０１３～14年）として、間接雇用の清掃労働者４２５５人をソウル市関連の子会社の直接雇用・有期雇用労働者に転換し、期間制法による無期雇用転換措置が有効となる15年４月を待って無期転換するという計画である。間接雇用の清掃労働者の平均年齢は高く、委託事業者での定年年齢も57～58歳であった。そこでソウル市は、子会社としてソウルメトロ環境とソウル都市鉄道グリーン環境を設立（前者は13年6月1日、後者は同年4月1日）。両社で直接雇用し、定年年齢65歳までの雇用を保証することとした。６月１日から順次、両社に移籍し、15年４月から４２５５人の有期直接雇用労働者が無期転換している（表４―４）。

第二段階（２０１４～15年）は、警備関係と施設管理関係の間接雇用労働者を対象とし、１２４９人を有期直接雇用とし、期間制法による無期転換措置が有効となる16年４月に無期転換を果たした。

（3）ソウル特別市訓令９９９号「公務職管理規程」＝就業規則。なお、「公務職」は韓国内の自治体に広がり、いまでは２４４自治体のうち１３３自治体が「公務職」を使っている。また、文在寅政権下で立法化される見込みである（韓国公共運輸労組ソウル地域公務職支部イ・ウゴン委員長へのヒアリング、２０１７年６月８日）。

さらに第三段階（２０１５～16年）として、駐車場整理、案内、運転などその他分野の間接雇用労働者423人をソウル市の有期直接雇用化し、17年４月に無期転換している。この段階で、ソウル市の業務委託事業で働いていた間接雇用労働者５９２７人を直接雇用化し、無期雇用に転換したのである。

一連の正規化事業の進捗を確保するため、２０１５年１月、「ソウル特別市非正規職勤労者の無期契約職転換など雇用環境改善支援条例」を施行した。同条例では、雇用改善の対象者は直接雇用の非正規労働者と無期転換した契約労働者（第２条）、市長は非正規労働者の雇用改善総合計画を策定し（第４条）、公共各部門の長は長期勤続の奨励や処遇改善を進め、正規化事業を派遣・用役・社内下請労働者に拡大し、不当な雇止めや差別処遇を禁止する（第５～７条）と規定されている。

②脆弱労働者への優先適用

公共部門第二次非正規職雇用改善対策で、清掃、警備、施設管理業務をターゲットにしたのは、これら業務に従事する労働者の労働条件が劣悪だったためと言われる。

ソウル市から第二次非正規職雇用改善対策の策定を依頼された、民間の労働シンクタンクである韓国労働社会研究所では、①低賃金、②女性、③高齢者、④労働組合がなく保護を受けられない労働者という４つの基準が当てはまる者を、保護や救済が最も必要とされる「脆弱労働者」と規定。優先的に正規化を進めるべき労働者とした。「脆弱」とは「弱者」とは異なる。労働者としての権利や利益が保護されないために、持てる能力を発揮できない一定の人たちを捉える概念である。そして、４つの脆弱基準を満たし、最も劣悪だったのが清掃労働者、さらに警備と施設管理労働者だったのである。したがって、清掃から始め、順次、警備、施設管理へと段階的に無期転換措置を進めることとしたのである。

③委託労働者は間接雇用

ソウル市は当初、間接雇用労働者数を約１０００人であると中央政府に報告していた。しかし、この数はいわゆる派遣労働者数のみである。一方、韓国労働社会研究所では、無期転換対象の間接雇用労働者をトータルで６２３１人と算定した。この差は、業務委託をどのようにみるかに関わっている。ソウル市の当初カウントは、委託事業はソウル市の事業であるが、従事労働者は民間委託先の直接雇用であるから、間接雇用とはみなせないとしていた。一方、韓国労働社会研究所のカウントは、委託事業はソウル市からの請負事業であり、従事労働者は間接雇用者とみなしていた。後者は、韓国で一般的な非正規職概念を重視している。

④処遇の改善措置

第二次非正規職雇用改善対策では、２０１４年にソウル市の直接雇用となった警備、施設管理業務の労働者の平均賃金が７・３％引き上げられるとともに、福祉ポイントや休暇手当などが付与され、65歳定年制も導入された。また、ソウルメトロの清掃分野でも、月給が30万ウォン（３万円）程度上昇し、昇給加算の導入により勤続年数も延びたと言われる。さらに、８人の中間管理職のうち４人が退職した時点で、女性清掃労働者が初めて管理職に昇進するという職場環境の変化も起きている。

⑤市の予算の削減

こうした処遇改善にもかかわらず、ソウル市の予算は削減された。たとえば清掃部門を見ると、業務委託時の１０７２億ウォン（人件費６５７億ウォン＋経費４１５億ウォン）から、直接雇用では１０１９億ウォン（人件費７６５億ウォン＋経費２５４億ウォン）へ、53億ウォン（約５％）削減されている（図４―１）。主な

図 4-1　清掃部門の直接雇用化による予算削減

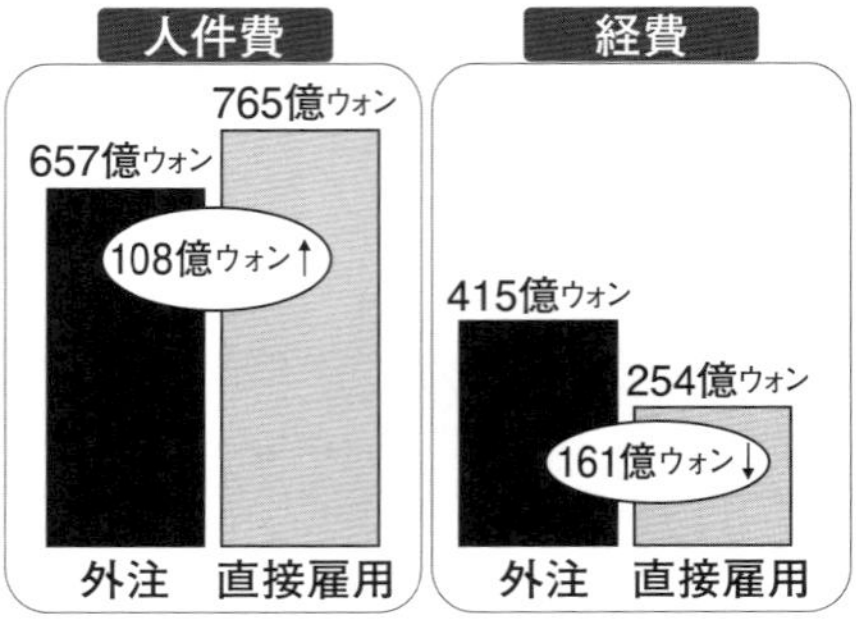

（出典）ソウル市提供資料。

要因は、業務委託経費中の管理経費（委託先企業の利益部分）の大幅削減である。また、直営に戻したために委託業者に追加的に付加していた付加価値税10％の支払いが不要になったことも、予算削減に寄与した[4]。

民間業務委託労働者の正規職転換と事業の限界

第二次非正規職雇用改善対策の完了を間近にした２０１４年３月、ソウル市は「公共部門第三次非正規職雇用改善対策」を公表した。民間業務委託労働者を対象とし、コールセンターや水道メンテナンス事業について財団化を進め、従事する非正規労働者を財団で正規職化するという内容である。日本でこれらの事業を地方自治体が直営している例は皆無である。

２０１７年３月段階で、上下水道の検針員４３８人、茶山（タサン）コールセンターの４４４人が、財団で無期転換された。７月17日には、ソウル交通公社（17年５月に統合発足、８ページ参照）などソウル市の投資・出捐機関11カ所で働く無期契約職２４４２人全員と期間制労働者１０８７人を正規職転換する、「労働尊重特別市第二段階計画」を発表している。

このように順調に進みつつある非正規労働者の正規職化事業だが、限界点に突き当たってもいる。それは、中央政府によって各自治体に課された総額人件費の規制（基本人件費の対前年比伸び率上限は３％以内。３％を超えると地方交付税の削減対象）と、人員数の上限を規定する定員管理規制である。

これらの規制は、中央政府の行政自治部が定める。定員には、公務員法適用の公務員だけでなく、新たに直接雇用した公務員法非適用の公務職も含まれる。一方、定員管理対象は正規職で、有期雇用の期間制労働者については管理外だ。したがって、規制に触れることを嫌った自治体関係者は、非正規労働者の正規職化に消極的となっている。

こうした制度的限界のため、第二次非正規職雇用改善対策では、直接雇用時にすぐに無期転換するのではなく、2年間を期間制労働者として採用して猶予期間を設け、その間に規制緩和に向けて中央政府と交渉を進めることとした。第三次非正規職雇用改善対策における前述の財団化には、総額人件費や定員管理規制を回避する目的もあった。

4　地域最大の経済主体として良質な雇用を創出する

ソウル市は2015年1月、市ならびに市の出資・出捐機関の直接・間接雇用者を対象とする「生活賃金条例」を制定・施行した。「生活賃金（リビング・ウェイジ）」とは、国の既存の最低賃金制度の問題点を補完し、適用対象労働者たちに最低限の人間らしい生活を保障する水準として決定される賃金と定義され

（4）この管理経費について、日本では統一的なデータはない。事業ごとに、委託元の地方自治体の事情により違いがあるが、おおむね3～20％と言われる。業務委託などのアウトソーシング（外注）をすれば、全体経費に消費税分として8％を上乗せしなければならない。それでも、直営より経費が削減されるのは、従事労働者の賃金を不当に安くしているからである。

ている（第1条・第2条）。ソウル市とソウル市の出資・出捐機関は従事する労働者に対し、生活賃金委員会の審議を経て市長が定める金額以上の賃金を支払わなければならない。

２０１７年段階では、韓国全土の法定最低賃金が時給６４７０ウォン（６４７円）に対し、ソウル市が定めた生活賃金は８１９７ウォンである。２０１８年には９０００ウォン台に引き上げ、19年までに1万ウォンを超えることを目標としている。

生活賃金運動は、日本でもようやく進められてきた公契約条例制定運動の二つの源流のひとつである。

第一の源流は、公共工事の受注者間のダンピング競争による窮乏化を防止するために、地域で生活できる水準の労賃を自治体が支払うこととした、フランスの公契約規整令（１８９９年）だ。アメリカでは大恐慌時に、公共工事に従事する労働者の賃金を世間相場並みとするためのディビス・ベーコン法が制定された（１９３１年）。後者はＩＬＯ94号条約（公契約条約、１９４９年）につながっていく。(5) 公共工事に従事する労働者の賃金水準のあり方を焦点とするものである。

第二の源流は、アメリカの自治体で業務請負企業などの労働者の労働条件を定める条例の制定を求める生活賃金運動だ。１９９４年にボルティモア市（メリーランド州）で、初めて生活賃金条例が制定された。当時の連邦最低賃金が時給４・35ドルだったのに対し、ボルティモア市は時給６・１ドルを最低賃金と定め、同市と業務請負契約をしている民間事業所の労働者に適用した。その後、連邦最低賃金を上回る時給を定める地方自治体独自の生活賃金条例制定が全米に広がり、２００８年4月時点で１６０の市と郡で制定されている。(6)

ソウル市の生活賃金条例は、後者を源流とする。きっかけは、アメリカのコーネル大学に留学し、労使関係を研究していた淑明（スンミョン）女子大学のクォン・スンウォン教授が、２００５年10月に韓国労働研究院の雑誌で紹介したことだ。これを契機に、学会や労働団体に広まっていく。13年に京畿（キョンギ）道の富川（プチョン）市で最初の生活賃金条例が制定され、14年には京畿道でも制定された。[7]

ソウル市は２０１５年に生活賃金条例を制定し、これが実質的な先鞭となって、同条例制定の動きが韓国全土に広がる。17年８月段階で、全２４４自治体中95自治体が制定した。ただし、その多くが正規職転換事業は実施していない。生活賃金だけを定め、５００〜１０００ウォン（50〜１００円）の賃金引き上げにとどめている。

ソウル市の生活賃金条例は、適用範囲を入札改革によって業務委託先の労働者に拡大。地域最大の経済主体として、公正な労働の実現を目標とするが、地方契約法との抵触問題が起きている。地方契約法第６条１項は、契約相手の契約上の利益を不当に制限してはならないと規定しており、生活賃金条例の適用が

（５）古川景一「公契約規整の到達点と課題―川崎市契約条例を中心に―」『季刊・労働者の権利』第２９０号、２０１１年、84ページ以下。
（６）佐々木健吉「日本の公契約条例（法）制定運動―アメリカのリヴィング・ウェイジ運動を手がかりとして―」『龍谷大学大学院法学研究』第11号、２００９年７月、87〜１１８ページ。また、ステファニー・ルース「アメリカにおける生活賃金運動」（国際労働研究センター編著『社会運動ユニオニズム――アメリカの新しい労働運動』緑風出版、２００５年）１１６ページ以下も参照。
（７）妹尾知則・脇田滋「韓国における雇用安全網関連の法令・資料（４）―ソウル特別市生活賃金条例―」『龍谷法学』第49巻第１号、２０１６年８月、１７３ページ以下。

図 4-2　労働尊重特別市ソウルの政策体系

政策ビジョン	労働尊重特別市ソウル			
２大政策目標	勤労者の権利と利益の保護（34 課題）		模範的使用者役割の確立（27 課題）	
４大政策課題	①脆弱勤労者の権利と利益の保護（20課題）	②労働基本権保障基盤の構築（14 課題）	③雇用の質の改善（16 課題）	④共生と協力の労使関係の構築（11 課題）
16 政策分野（61単位課題）	①女性（4） ②青（少）年（2） ③高齢者（2） ④障がい者（1） ⑤外国人（2） ⑥中小零細事業場勤労者（9）	⑦実態調査（モニタリング）（3） ⑧教育（5） ⑨相談（3） ⑩広報（3）	⑪雇用構造（1） ⑫所得（4） ⑬労働環境（11）	⑭労使関係（5） ⑮地域社会の協力（4） ⑯行政基盤（2）

契約相手に不利益を及ぼすことから、同法に抵触するおそれがあると指摘されたのである。

　ソウル市では、間接雇用労働者の使用者が生活賃金を支払えるように追加負担分に係る委託費の確保によって、適用対象とせざるを得なかった。なお、ソウル市はこの問題を解決するため、文在寅政権に対して、地方契約法の改正を求めている。

5　労働政策主体として労働者市民の権利と利益を保護する

労働者の権利保護は市長の責務

　労働尊重特別市ソウルの政策理念の特徴は、地方自治体として初めて労働政策を策定し、労働者としてのソウル市民の権利・利益を保護する役割を自らに課したことにある。２０１４年３月に「ソウル特別市勤労者権利保護および増進のための条例」を施行し、市長の責務として労働者の権利保護を定め、５年ごとに労働政策基本計画を策定することを規定した。

あわせて、勤労者権益本部（働き手の権利と利益を守る中核的役割）の設立と、模範的使用者役割（職員の雇い主としての雇用者モデル）の確立を２大政策目標として果たすと宣言した。そのもとに、４大政策課題と、16の政策分野からなる61の課題が定められている（図４―２）。

労働者市民の権利と利益を保護する政策

たとえば感情労働に従事する働き手を守る対策として、２０１６年１月に「ソウル特別市感情労働従事者の権利保護などに関する条例」を制定・施行した。このような条例を制定している地方自治体は、日本にない。

同条例では、感情労働を「顧客応対など、業務遂行過程で自身の感情を節制して自身が実際感じる感情とは異なる特定感情を表現するように、業務上・組織上要求される勤労形態」と定義（第２条）。過度な感情労働の要求を規制するとともに、感情労働従事者は暴言・セクハラなど不当な行動に対して自身を保護できる作業中止権など適切な権限を付与される（第９条）。そして、感情労働従事者を使用する者は、感情労働に対する禁止行為が発生した場合、従事者に対する治療および相談支援を施し、刑事告発もしくは損害賠償訴訟など必要な法的措置を講じることとした（第16条）。

また、２０１５年11月には、失業率が高い韓国の青年層の就労活動の支援のため、ソウル市青年活動支援事業として青年手当の給付を発表した。ソウルに１年以上居住（住民登録基準）した満19～29歳の青年のうち、勤務時間が週30時間未満か未就業期間６カ月以上の低所得層で、大学教授らで構成される委員会で選定された3000人に、最長6カ月間、毎月50万ウォン（5万円）の活動費を現金で給付するという（予算総額90億ウォン）。

これに対して中央政府保健福祉部は、青年手当の執行停止・是正命令をソウル市に行った。にもかかわらず、ソウル市は2016年8月3日、青年手当対象者3000人を選定し、中央政府の命令を無視して支給を開始する。これに対して保健福祉部は職権取り消し措置を講じ、ソウル市は処分取消と仮処分を求め裁判所に提訴した。

その後、朴槿恵大統領の弾劾を受けて行われた大統領選挙で、文在寅氏の選出が確実視された2017年4月に、保健福祉部とソウル市が修正の実施に合意し、6月に改めて実施方針が示された。修正は、進路模索・力量強化プログラムへの参加の義務づけ、求職活動と関連した職業体験の参加費、資格講座の受講費、試験登録費、面接費などのみに、5000人を対象に青年手当を支出するという内容である（予算総額150億ウォン（15億円））。

模範的使用者役割の確立

ソウル市は、非正規職、低賃金労働者、高齢者・障がい者・女性・外国人移住労働者のような脆弱労働者の権利保護を推進するため、たとえばブラックバイト対策として、2013年9月に「ソウルアルバイト青年権利章典」を設定した（資料4―1）。ソウル市内の流通産業などの協力のもと、雇用契約書の裏側に印刷するなどの取り組みを進めると同時に、モデル雇用契約書を作成し、公開している。また、朴市長と韓国外食中央会会長との間で、「アルバイト青年の権利保護および労働環境の改善のための共同協力協

資料 4-1　ソウルアルバイト青年権利章典

青年たちにとってアルバイトは、社会で初めて自身の労働を通じて対価を得る、意味のある労働である。我が青年にとってアルバイトは、好奇心や深い情熱を刺激し、真理を内包する意味のある、楽しく学びのある労働でなければならない。また、青年の誰にとっても、職場における労働の本当の意味は、憲法が保障する人間の尊厳と価値、そして労働基本権が実現し、私たちの社会の未来の暮らしの価値を探るものでなければならない。

しかし、今日のアルバイト青年は、職場で人格ある存在として待遇されず、使用者から不当な待遇を受け、あるいは使用者もしくは顧客から不快な言行を受けて、法定労働条件にも満たない低い賃金と休息のない仕事を強要されるなど、否定的な経験を多くしている。そこで私たちは、この社会で青年たちが普遍的な人権の観点から人間らしい暮らしを享受できるように、職場で差別されることなく正当な賃金および待遇を受けて、快適で安全な労働環境のもとで労働の大切な価値に気づき、自らの希望を成就することができるように、この権利章典を宣言する。

2013 年 9 月 23 日

約書」が締結され、こう謳われた。

「アルバイト青年たちが快適で安全な労働環境で労働の大切な価値に気づき、自らの希望を実現できるように、ソウルアルバイト青年権利章典を誠実に遵守し、青年たちの正当な権利保護および労働環境の改善のために相互協力する」

現在では、労働者にやさしい施策を展開するソウル市と組むことが企業のインセンティブになってきた。２０１６年には労働権利オンブズマンを１００人選出し、ファストフード店やカフェチェーン店などに対するモニタリングも実施している。

6 自治体でも労働政策は可能だ

これまで紹介してきたソウル市の労働政策は、実は一部にすぎない。このほかに、①従業員100人以上のソウル市の公社、公団、出捐機関について、労働者の経営参加として労働者理事制度を導入、②市民からの労働相談を受け、その解決に向けた活動拠点となる労働権益センターを創設、③労働安全人権宣言と労働安全衛生の取り組み、④残業なき時短政策などが挙げられる。

ソウル市の取り組みは、労働行政が国の権限のもとであったとしても、地方自治体も相当程度の政策が実施可能であることを示している。そして、その効果は、「実践をとおして実証済み」である。

翻って、日本はどうだろう。日本の労働者の非正規率は40％に迫っている。賃金水準は正規職の半分ほどだ。地方自治体に勤務する職員の3分の1は非正規で、賃金水準も正規職の4分の1〜3分の1程度である（総務省の「地方公務員の臨時・非常勤職員に関する実態調査」（2016年）から算出）。業務委託先の労働者の非正規化・低賃金構造も、広く存在する。日本の地方自治体は、内と外に官製ワーキングプアを発生させているのである。

こうした状況の放置は、社会の亀裂を一層深める。千葉県野田市が公契約条例を制定したのが2009年だ。18年1月現在、制定自治体は16市区に拡大したものの、社会の亀裂を治癒するための雇用・労働政策を自らの施策と考える地方自治体は少ない。

朴市長のインタビューでも触れられているように、文大統領の公約の56％がソウル市の政策とシンクロしている（１５０ページ参照）。実際、非正規労働者の正規職化事業のように、ソウル市の事業は文政権でも採用された。文政権は、公共部門が率先垂範して非正規労働者の正規職化に取り組むとしている。韓国と日本の公務員法制の大きな違いは、韓国では非正規公務員にも、労働契約法やパート労働法のような非正規労働者保護の法律が適用されていることだ。また、政権の意思で正規職化事業に取り組んでいるのか否かである。

韓国以上に非正規化が進んでいる日本社会は、韓国とりわけソウル市の取り組みに学ばなければならないのではないだろうか。

【謝辞】本稿は、公益社団法人北海道地方自治研究所が発行する『北海道自治研』２０１７年9月号に掲載した拙稿「市民の人権を守る地方自治体の労働政策――韓国・ソウル市の取り組み」をベースに書き直したものです。本書への掲載をご快諾いただいた同研究所の皆様に謝して、ここに記します。

〈対談〉ソウル市の労働政策から何を学ぶのか

上林 陽治・白石 孝

失敗を許し合う協働性

白石　私たちNPO法人官製ワーキングプア研究会がソウル市の労働政策や非正規労働者運動の本格的な調査を始めて、5年が経ちました。総じての感想は、いかがですか？

上林　私が初めてソウルに行ったのは2013年6月です。朴元淳さんが市長になって1年半しか経っていません。でも、その短期間が慣らし運転ではなく、いきなり実践を始めたことがよくわかりました。そして、政策を進めながら検証するやり方や政策実行力に驚きました。帰国後に私が所属する研究所の同僚と話したのは、そのダイナミックさと、多少拙速でも動かしてしまうスピード感です。情報を収集し、根回しをして、慎重に政策を実行に移す方法も大事ですが、とにかくやってみるというのが面白く、衝撃的でした。

白石　それって、韓国には「小商人」が多く、人に使われるより自分でやるという韓国人気質と共通するのですかね。

上林　それはわかりません。ただ、たとえばソンミサン・マウルに行ってみて、共同事業ではたくさんの失敗事例もあるけれど、それを許し、認め合うという協働性が根本にあるのではないかと感じました。つくっては潰しの繰り返しでも、次をやる。「失敗してもいいじゃないか、またやれば」という協働性ですね。

白石　「失敗の協働性」、いい言葉ですね。私は「行動する模索」という言葉を使っています。

上林　一緒ですね。

保護されるべき権利と利益を足し込んでいく

白石　ソウル市の労働政策のどこに、興味をもちましたか？

上林　ソウル市の役割が整然としていることです。本章で書いたように、事業主としてのソウル市、地域最大の経済主体としてのソウル市、労働政策主体としてのソウル市の３つが体系化され、政策をつくり、実行していることです。２０１７年９月にソウル市で「ディーセント・ワーク都市国際フォーラム」がありましたね。私は行っていないのですが、その報告を読むと、ガイ・ライダーＩＬＯ事務局長が「都市にはいくつかの役割がある、使用主であり、事業主である」と同じ内容をスピーチしていました。これはＩＬＯの公契約における労働条項に関する条約（94号条約）にも則っていて、体系化された労働政策なわけです。

白石　上林さんの「３つの体系化」という視点はすごい。そして、「労働者」でなく「労働者である市民」対象の政策ですね。市長インタビューでもそのことを聞いたら、同じ答えでした。

上林　日本では、労働者を狭い範囲で、一企業体の中の労働者と捉えますが、朴市長には「労働者も市民」という発想の転換があります。

白石　２０１２年に、まず「非正規職の無期契約化」が出てきた。目を見張るのは、その後の展開ですね。

上林　そうです。「権益保護」政策を進めるなかで、「脆弱労働者」を軸にした政策です。しかも、立法主体ですから、自治体が条例や規則を制定して取り組む。そこに鋭さを感じました。

白石　「脆弱労働者」という言葉を聞いたときは、どう感じましたか？

上林　本来、市民は働く者として、充実した人生を送りたい。ところが、労働者としての権利や利益が保護されないために、もてる能力を発揮できない一定の市民層がいます。こうした人たちを脆弱労働者と捉え、本来、保護されるべき権利や利益、不足している権利や利益を足し込んでいくという捉え方をしている。福祉政策でも、日本は福祉の対象者を「弱者」と捉えるけれど、ソウル市は「弱者」とは見ていません。

白石　この見方を日本でも広げたいですね。個別政策の説明は必要ですが、個別性が先にあるのではなく、基本スタンスを伝えたい。1日8時間労働というとき、「過労死」だけでなく、不払い残業対策だけでなく、労働者の生活全体を前提にしていく。家庭や地域での生活を取り戻すための時間短縮であり、人間が浮き彫りにされる見方と政策ですね。

上林　弱者でなく脆弱と使った意味合いが、いまはわかるようになりました。

白石　「弱者─強者」という対比でない。

上林　対極にある言葉を使わず、何かが不足しているから脆弱であり、権利が守られていないと捉え返した視点の鋭さ、人を見るときの鋭利な視覚。それが脆弱という言葉なんだろうと思いました。

白石　同じような捉え方は、日本の個別政策で見出せますか?

上林　秋田県の藤里町社会福祉協議会の「参加型福祉」の取り組みが該当するかもしれません。たとえば、一人暮らし高齢者の家の除雪を、ご本人を含めた「全員参加型一斉除排雪事業」に仕立ててしまうのです。「体力のある方は労働で、その力仕事組を支える炊き出しで、体力に自信のない方は火の番で、米・味噌・野菜等の持ち出しでの参加も大歓迎」というチラシを作成し、各戸に配布する。すると、これまでなら除排雪ボランティア活動中に、室内でテレビの音も立てないように息を潜め、すまなそうに何度も頭を下げていたおばあちゃんが、全員参加なんだから私もと、

「うちの畑の人参だ。今年はとくにうまいぞ、いっぱい食べてくれな」と豚汁を勧める。「こんなボランティアならいつでもやるぞ」と鼻息荒く、振る舞ったのです。

私たちは支援する側と支援される側という線引きを勝手にし、支援される側を「何もできない人」「弱者」「不幸な人」と思い込んできました。福祉を「弱者」や「不幸な人」に特別な善意を施すことと捉えてきたと思います。このような福祉の常識に対し、藤里町社会福祉協議会会長の菊池まゆみさんは異議を申し立て、「不幸」ではなく「不便」という言い方に替えることを提案しました。

ソウル市の労働政策において、「脆弱」と捉える視点は、一人ひとりの労働者市民に、不足しているもの、欠けているものを「権益」として足すということでしょう。そこには、弱者に対する施しという考えは希薄なように思えます。

組織の内側に批判勢力と市民性をもつ

白石　適材適所に人が配置されている成功事例がソウル市だと感じました。ソウル市に特別任用されたり外部で政策サポートするシンクタンクのスタッフや、労働組合の役員に会ってきて、印象的なことは何ですか？

上林　私は研究者なので、同じ研究者である韓国労働社会研究所の金鐘珍（キム・ジョンジン）研究委員に会い、その研究スタイルや人との接触の仕方を見て、多くを反省しました。彼はソウル市からの補佐官就任を断ったのですが、その理由は「私は誰の雇われ人でもない。そして研究を市民に使ってもらう」というスタンスです。これは衝撃的で、そのとき「韓国には人物がいる」と感じました。彼だけでなく、公務職労組のイ・ウゴン委員長などの労組幹部も、人との接触の仕方が素晴らしい。どこで学んだのかと思いますね。ずっ

生活のすべてを労働運動に費やしている
情熱的なイ・ウゴン公務職労組委員長

と現場にいて、対話しながら進めていく姿勢、現場とやり取りしながら研究や運動をしていく一貫性に学ぶことが多い。

白石　日本の研究者と比較して、どうですか。

上林　日本では、こうしたタイプにあまり出会いません。むしろ、足を引っ張り合うのが日本の「文化」で(笑)、「失敗の協働性」が希薄です。成功した人へのやっかみが目立ちますね。人そのものを見ないで、その人の所属や肩書きとか過去にこだわる傾向が強いかな。

　まともな組織は、内側に批判勢力と市民性をもつことによって初めて運動性をもちます。でも、日本の労働運動では、内側に批判勢力をもち、内省する機会がないため、外からの批判に弱い。そして、批判勢力を「排斥」してしまう。とりわけ、市民性をもった運動や言論に対して壁を高くして、閉塞感が生まれていますね。韓国ではそれが少ないと感じました。ただ、朴元淳市政下で労働補佐官や協力官に就任してきた方々のお話を聞いていると、韓国の公務員労組も日本と同じ組織文化をもっているのかもしれません。

白石　可能なかぎり現場で調査するのが私たちの強みで、それは２０１３年から一貫しています。韓国の現場で感じたことを話してください。

上林　主張すべきことは互いに激しく言い合う

が、結論は先送りしないという印象です。そして、何よりも運動スタイルがステレオタイプではなく、工夫がある。最近では、茶山コールセンターの希望連帯労組のスタイルが面白い。１０８回土下座して要請するとか、多様な運動をしています。市民感覚で、職場内運動にとどまっていません。どうやれば世論を動かせるかを先に考え、世論をバックにして交渉に入る。企業内組合の枠を超えた市民的労働運動と言える、その面白さかと思います。

希望連帯労組茶山コールセンター支部の三役。
中央の女性が沈明淑（シム・ミョンスク）委員長

白石　趙誠柱（チョ・ソンジュ）ソウル市労働協力官に会ったとき、直前にソウルメトロ労組の幹部が来ていて、市役所へ向けての集会とデモの挨拶をしていました。茶山コールセンター労組も、朝晩に市庁舎通用口に立ってアピールし続けたのです。すると趙さんは「労組なんだから当然でしょ。要求する、スト、集会は当然」と話した。さらに、「問題なのは、どのくらい意思疎通するのか、話し合いができるのかです」と言うのを聞いて「なるほど」と思いました。

日本では、革新系首長になったのに、「あの市長は労働者の側に立っていない。市民要求に前向きではない、だからダメ」とされることがいまだに多い。ソウル市では、朴市長の就任後に争議はいくつもありましたが、「朴元淳はダメ」とはならない。要求と批判はしつつ、一方できちんと話し合っているのですね。

上林　トップが誰であろうと、スタンスは変わらない。政権をつくったから政権を批判しないとはならない。批判は批判として必然で、それが市民的運動だと思う。韓国はそれがわかっています。

白石　日本の場合には「敵視化」になってしまいます。韓国の例を挙げましょう。２０１７年11月の労働争議で、ソウル市へ問題の解決を求める労働組合と市民団体について、進歩派ネットメディア「チャムセサン」が配信しています（安田幸弘氏の訳）。タイトルは、「地獄鉄（道）になった9号線ストライキ、管理主体のソウル市が始めろ～16の市民社会団体が集まり、ストライキ支持を宣言し、ソウル市の責任を要求」（２０１７年11月29日）。内容を要約して紹介しましょう。

ソウル市の地下鉄9号線は、1～8号線がソウル市の１００％出捐機関であるのに対して、フランス系交通企業に外部委託されています。混雑で有名にもかかわらず、10の駅にはたった1人ずつしか駅員がいないなど、安全への配慮と労働条件に多くの問題があるとして、「地下鉄9号線の安全と公営化のための市民社会団体」は11月29日、ソウル市庁前で記者会見をしました。そして、「ソウル市は安全な9号線のために責任を全うしろ」と主張し、運営会社にも「人員を補充して安全な地下鉄をつくれ」と要求したそうです。

つまり、朴市長になったからといって、すべてに満足のいく状況ではありません。問題があれば、声をあげ、改善を要求します。その手段には、交渉も集会もデモもストライキもある。重要なのは、そうした声や要求を受けとめ、話し合い、改善するかどうか、その姿勢や仕組みの有無だと思います。

日本の自治体で何ができるのか

白石　政府とソウル市との関係をどうみましたか？　とくに労働政策を通じてですが。

上林　中央政府・地方政府の関係でみると、日本は韓国より分権化の取り組みが早く、全体として分権化が進んでいることは確かです。しかしながら、日本では分権化の成果を、とりわけ労働政策分野では生かしていません。

たとえば、分権改革の一環として、２００３年に職業安定法が改正されました。地方自治体がハローワーク機能をもち、独自に職業紹介できるようになったのです。でも、自治体ではそれほど手掛けていない。自治体は長い間、企業を呼び込んで雇用をつくることが中心で、雇用の中味、働かせ方に目が向いていなかった。産業政策はあっても、労働政策がない状況です。

分権化によって、日本のほうが自治体の自由度が高いはずですが、良質の雇用をつくる取り組みが遅れています。一方、ソウル市は、隙間をうまく利用し、工夫し、アイデアをもっている。目の前にいる市民を労働政策の対象としてみるのかどうかの差異が露呈しているのだと思います。

白石　日本でどうするか、何ができるのか。

上林　日本の自治体も法制度上ではかなりのことができる。公契約条例の制定のように、やろうと思えばできるはずです。韓国では地方契約法のしばりがあるのに実施しています。日本はそういう制約がないのに、住民に広がりつつある格差と貧困を解消するための労働政策をもたないがために、問題を放置している自治体が多いのだと思います。たしかに16自治体で公契約条例は制定されたけれど、そもそも格差を解消する労働政策をもっているのか、市民を労働政策の対象としているのかが、検証されるべきでしょう。

〈インタビュー〉
「違うものとつながる」強さが後押ししたソウル市の女性政策

竹信 三恵子

――韓国の女性労働団体を訪問し、調査されたそうですが、どうでしたか？

竹信 私は新聞記者時代、「小泉改革」の財政削減のもとで公務員の非正規化や民間委託が膨れ上がっていくのを目のあたりにしてきました。それらの主な標的が、女性センターの専門職や図書館の司書、保育士、給食調理員といった女性が多数を占める公務部門だったのです。総務省の「地方公務員の臨時・非常勤職員に関する実態調査」（2016年4月1日時点）では、公務非正規職の4分の3が女性です。ですから、白石さんたちのソウル市調査に同行しながら、朴元淳市政での正規職化の試みを、日本の女性非正規公務員問題の解決に役立てられないかと考え続けてきました。

それもあって2018年1月、関心のありそうな女性たちに声をかけ、正規職化政策に加えて、韓国女性労働組合などの女性団体の視察も組み込んでソウル市を訪ねました。見えてきたのは、朴元淳市政の政策の影には、女性の組織化があったということです。

――たしかに朴市政には、女性関係の政策がけっこう見られますね。

竹信 朴市長が2011年からの第一期に打ち出した15大分野の公約では、「女性と家族福祉、女性希望プロジェクト」が掲げられています（19ページ参照）。２０１５年からの「ソウル市労働政策基本計画」では４大政策課題の中に「脆弱階層保護対策」が盛り込まれ、青年や高齢者などと並んで女性労働者のために、仕事・家族両立支援センターの設置、ケアワーカー支援センターの強化、良質のベビーシッターの新規養成などのほか、移動して働く女性のためのシェルターを市内に25カ所設けるといったリアルな策が入っています。これは保険の営業などオフィス外で働く女性の居場所づくりです。

また、４大政策のひとつ「雇用の質の改善」でも、社会福祉施設従事者の賃金を社会福祉公務員の95％まで引き上げ、女性福祉施設従事者の賃金水準を長期的には社会福祉施設従事者の水準に引き上げるとしています。いずれも、女性労働の現場を知らないと出てこない政策ですよね。アベノミスクの「女性が輝く政策」は「強い国家」へ向けて女性労働力を動員するという上から目線ですが、ここでは女性が安心して働くため行政は何ができるか、が軸なのです。

さらに、ソウル市は「雇い主」としての役割の改善を目指し、セクハラ・パワハラの防止ホットライン、非正規職員も含めたパワハラ予防教育の強化、ジェンダーを組織文化とする教育などとともに、上林さんも触れられているように、「感情労働」対策を掲げています。感情労働のひとつである茶山コールセンターは市への電話問い合わせを受ける女性主体の職場で、嫌がらせのような苦情もきますが、あまりにひどいときは、トラウマを防ぐため担当者は通話を切ってもいいことになりました。「お客様のためには耐えろ」ではなく、働き手の権利も視野に入れているわけです。

――韓国の女性運動の何が、そうした政策を後押ししたのですか？

竹信　全国レベルの組織で、政治に影響力を行使しやすいことが大きいでしょう。１９８０年代の民主化運動に参加した女性たちは、民主化運動への弾圧のために行われた警察官による女性への性暴力などに対抗してきました。こうした活動の中で、民主化宣言が発表された87年、全国レベルの女性運動ネットワーク「韓国女性団体連合」を結成します。この年に、非正規も含めて職場での女性の地位向上や雇用平等法を目指す韓国女性労働者協会も結成されます。

１９９７年のアジア通貨危機では、女性は「家族を養わなくていい」という偏見から、真っ先に大量に解雇され、多くが非正規化していきました。男性正規労働者中心の従来の労組ではこうした問題に対応できず、韓国女性労働者協会のメンバーらの発案で、労使交渉を担う韓国女性労組が99年に結成されます。韓国女性労組は、個人事業主扱いによって労働法の保護の外に置かれたゴルフ場キャディーの労組結成権を認めさせるなどして、当初の４００人から、全国10支部６０００人にまで加入者を増やしました。

知識人から非正規までが加わるこれらの女性団体が連携し合い、現場体験に基づいて朴市政や文在寅政権の政策立案に影響を与え、女性政策が主流化されていったわけです。文政権が最低賃金1万ウォン（１０００円）を目指す政策を掲げたのも、最低賃金水準の女性労働者を多数組織する韓国女性労組が座り込みなどの示威行動を通じ、やはり低賃金労働者が多い青年ユニオンなどの労働団体と連携しつつ、大規模な要求運動を繰り広げたことが大きかったと言われています。

――日本と韓国の何が違うのでしょう。

竹信　世界経済フォーラムの女性活躍度順位（ジェンダー・ギャップ指数、２０１７年）では、日本１１４位、韓国１１８位と似た者同士の低さです。また、日本の女性団体も、シングルマザーの団体のように、個別の課題では政府に働きかけて多くの制度の改善を勝ち取っています。女性ユニオンも、日本で１９９５年に「女性ユニオン東京」が登場し、韓国女性労組はこれをヒントに発足しています。けっこう健闘しているんですね。ただ、日本の問題は、他分野の団体との横の連携や世代を超えた縦の連携の不足で、広がらないということです。

一方、韓国女性労組は、若者たちと連携するため、大学の清掃を担当する非正規の女性労働者たちが大学祭で屋台を開き、その収益を貧しくて学費が払えない学生たちへの支援金にあてるなどの活動を行ったそうです。こうして、学生という異なる分野、異なる世代との連携を広げました。

韓国女性労組からは、３つの助言をもらいました。①かかえている問題に多少とも関係のありそうなグループを探して集める、②社会に影響力のある「長老」を利用する、③熱心な団体ばかりでなく、名前を貸す程度の団体とも一緒にやる――。引っ掛かりのあるところを見つけ出して、とにかく広げる、ということです。

――最後にひと言、先ほど話されたような日本の状態を打開するために何が必要でしょうか？

竹信　日本の社会運動組織の多くは、「違う人たちとつながることで要求する力を拡大しよう」という発想を、どこかで置き忘れてしまった気がします。リベラルな社会運動は、「女性」と言うと「性差別を責められる」と怖がり、社会の半分の存在を味方につける作戦を怠ってきたのでは？　その結果、「女性が輝く」などといった言葉をアベノミクス側に取られてしまいました。これでは「生活から発する政治」は難しいです。

女性たちも、全国組織化を図るノウハウを改めて韓国から学び、嫌でもその声を聞かざるを得なくなるくらい力をつけなければならない時期にきています。個別課題で頑張るだけでは根本の政策の歪みを正せないと、痛感しています。

第5章　貧困解消へのチャレンジ
──住宅福祉と住民参画の地域づくり

白石　孝

❶ 立体的に進められる韓国の市民社会運動

私は２００８年12月31日から09年1月5日にかけて実施された東京・日比谷公園の「年越し派遣村」直後から、「反貧困ネットワーク」に参加した。東京都内で最初の反貧困集会が開催されたのは、派遣村から2年近く遡る07年3月24日である。それから10年半が経過した17年10月21日、「反貧困10周年記念全国集会　さらば貧困！　希望と連帯の社会めざして」が開催された。その間、政権は第一次安倍内閣から民主党内閣、そして第二次安倍内閣へと移り変わり、反貧困運動も模索・転換期に入ったと言える。私はこの10周年記念集会にひとつの思いをこめ、韓国の貧困に関わる取り組みの報告を提案した。

それは、なぜか。この20年あまりの韓国の市民社会運動との交流やソウル市政の調査をとおして、韓国では貧困問題の解消を含めた市民社会運動や政策立案が「立体的」に進められていることを強く感じてきたからである。

ひとりの人間は、生活者であると同時に生産者や労働者などの面をもつ。本章で紹介するソウル住宅都市公社が、公共住宅専門から福祉型住宅への転換を図りつつあると聞いたとき、人を丸ごと捉えようとする発想と、それに基づく政策転換であることに気づかされた。日本の自治体でも滋賀県野洲市など類似の政策はあるから、とくに目新しいわけではない。とはいえ、貧困をなくす運動や政策にこの観点を持ち込むことに新鮮さを感じた。

集会のゲストに招いたのは、非電化工房ソウル代表で冠岳（クァナク）区住民連帯の活動家である姜乃栄（カン・ネヨン）氏。報告のタイトルは、「希望連帯社会へ～韓国の貧困をめぐっての新たな取り組み」とした。

日本では、反貧困、福祉、社会的連帯経済、地域コミュニティというように列挙すると、それぞれ個別のテーマと受けとめられることが多い。取り組んでいる側も、個別化傾向が強い。そのため、個々には運動や研究が深められても、他の分野に関わる方々の取り組みには関心がなかなか向かないし、向いてもらえないことが多い。

私が韓国に5年、10年、20年と通い続けて――一度の訪問は3日や4日だが――、韓国の市民社会運動とそこに主体的に関わる多くの皆さんから学んだのは、根っこにある人間を俯瞰する視点だった。簡単に言えば、何のためにそれぞれの課題に取り組むかが明確であり、腰が据わっている。課題が先にあり、課題を深めるための活動や研究ではなく、人間の暮らしや働き、さまざまな営みを改善していく努力と工夫が先にあると言えばいいだろうか。

だから、積極的に先進事例に学ぶ姿勢に貫かれている。韓国国内はもとより、欧米や日本にどんどん出かけ、良いと思えば実行する、その結果が良ければさらに深めるし、ダメなら教訓化し、次の動きに転換していく。「連帯＝ヨンデ」という言葉が頻繁に使われ、多くの運動が横のネットワークを組む。それも目的が明確だからこそであろう。

本章で取り上げる冠岳区住民連帯も公共住宅福祉政策も、この視点に貫かれているから面白いし、興味がわくし、参考になる。2000年代初頭に麻浦（マポ）区ソンミサン地区を訪ねたとき、15年に初めて冠岳区住民連帯を訪問したとき、16年にソウル住宅都市公社の実務スタッフを日本に迎えて報告をうかがったとき、いずれもワクワク感が止まらなかった。それは、目的がはっきりし、取り組みに大胆さがあり、ぶれない姿勢があったからだと思う。一方の日本では、それぞれが関わる専門分野に入り込むのが大変だし、時間がかかる。馴染めないままの場合もある。この差は何なのだろうか。

2 地域横断的な冠岳区住民連帯

ソウル市の南端に位置する冠岳区は、1960年代に「月のまち」（タルドンネ：丘の上や斜面など「月に届くほど」高い場所に家々が立ち並ぶ貧民街の形容）と呼ばれる大規模なスラム街が形成された。そのころから地域活動家などが自主的に「民衆教会」、保育所・託児室、放課後保育・勉強部屋、オモニ（母親）識字教育などを運営してきた歴史をもつ。

1990年代後半に入ると、漢江南側の本格的な再開発が進められ、追い出される借家人の生存権・居住権を守る活動が進んだ。冠岳区住民連帯はその過程で95年３月、非営利型一般社団法人として発足した。組織は会員制度のもとで、総会、理事会、各分野の委員会によって構成され、図書館、児童センター、福祉センターなど拠点施設の運営と、住民による多様な活動に取り組んでいる。

①住宅福祉活動――賃貸マンションの案内・申請の支援、家賃の支援、住宅の修理（現在は後述する住宅福祉センターと連携）
②連帯活動――食事の支援、居場所の提供、ワークショップの開催、出産の支援
③文化活動――写真・動画・作文などの生活文化教室の運営、祭りの開催、カレンダーなどの制作
④脱原発活動――省エネ・エネルギー教育、小規模発電（住宅福祉センターと連携）
⑤教育活動――絵本ワークショップや母親図書館教室の開催、学習支援、居場所づくり
⑥住民参加予算活動――ソウル市政の「住民参加予算制度」（一定額の使途を住民自身が提案し、行政と協議して決定する）への参加
⑦区議会監視活動――区議会議員（22名）と区政の監視、地域課題の自主的解決、法律・労働相談
⑧組織運営活動――会員教育、サークル活動、遠足、会報の発行

こうした地域住民によるコミュニティ活動は、日本でも有名なソンミサン・マウル（１３３〜１３４ページ参照）などソウル市内には数カ所ある。冠岳区住民連帯の特徴は、スラム地域の貧困者の運動から始まったことだろう。日本のかつての被差別部落の地域運動などが類似例、いやむしろ先進事例として挙げられる。多くの被差別部落では、保育所や公民館、子ども会活動などが地域という面規模で取り組まれてきた。

ところが、現在の日本では、保育所、学童保育、学習支援、子ども食堂、地域図書館、生活保護支援、住宅支援、児童虐待相談、市民生協、医療生協などの活動がそれぞれ独自に展開される傾向が強い。あるいは、自治体や各種法人によって個別に実施されている。したがって、地域丸ごとでの取り組みとは対極にあるといっても言い過ぎではない。

地域に暮らし、働く、ひとりの人間目線で捉えれば、横断的な活動をしないかぎり、貧困や差別の克服は難しい。市民社会運動としての地域連帯組織の設立が欠かせない。その意味で、冠岳区住民連帯は深く共感する実践であった。

❸ 土木事業から住宅福祉事業への転換

ソウル住宅都市公社は、ソウル市の宅地開発と住宅建設を効果的に進めるために１９８９年に設立された政府投資機関である。２０１６年段階で、賃貸住宅13万２０００戸、分譲住宅８万１０００戸を供給している。ただし、李明博・呉世勲の両保守市長時代に、再開発事業など見せかけの目立つ土木事業を進め、市の債務が11兆８０００億ウォン（1兆１８００億円）に増えていた。

住宅都市公社の大改革

朴元淳市長は２０１５年3月12日に「住宅都市公社の革新案～住宅都市公社が大きく変わります」と、公式サイト「朴元淳の希望日記５９０」で述べた（一部、説明を補足）。

「住宅都市公社は、都市再生に1兆ウォンを投じて個別ニーズに合わせた地域共同体型住宅1万戸を供給する内容が盛り込まれた『住宅都市公社革新案』を昨日発表しました。

住宅都市公社は市民代表3人を招いて『市民に約束する14項目の革新案』を発表し、住宅福祉と都市生活のための市民参加型公共デベロッパーに生まれ変わることを伝えました。まず、住宅福祉サービスの強化に向け、住宅福祉センター11カ所を拠点に、地域に見合った体制を構築して、総合的な住宅福祉プログラムを施行します。その過程で、これまで公共賃貸住宅政策の対象になっていなかった単身世帯や障がい者、ホームレスらに、それぞれのニーズに対応した地域共同体型住宅1万戸を2018年までに供給する計画です」

住宅福祉センターは2012年度にモデル事業とされ、13年度からはソウル市が地域共同体組織や民間事業者に委託して、住宅脆弱階層を対象に、住宅福祉相談や支援サービスを提供している。具体的には、①家賃の支援、②制度の案内と相談、③住宅福祉推進組織の開拓と連携活動、④実態調査などだ。

2016年9月5日にソウル住宅都市公社住居福祉本部の担当課長らが来日し、参議院議員会館で「住宅福祉サービスを公企業として改革する〜住宅福祉専門機関の役割」というタイトルで報告を行った。それをもとに、住宅都市公社改革案のポイントを述べていく。

政策転換の背景や要因には2点が挙げられる。ひとつは、ソウル市民における単身世帯の比率が2015年の27・1%から、20年には3割を超えると予測（韓国保健社会研究院）されていることだ。もうひとつは、雇用不安や低所得などの脆弱階層が多く存在し、社会的セーフティネットの整備の必要性が高まっていることである。

それに対して、①公共賃貸住宅の供給と管理の改革、②入居者サービスのメニューの拡大、③新たな住宅福祉政策の導入を提起した。

まず、1~2人世帯向け、障がい者や生活困窮者向けなど、多様なニーズに対応する住宅を供給していく。新規建設の増大にあたっては、駅周辺の未利用用地を確保する。また、高齢者や身体障がい者の希望に応じて、高層階から低層階に住み替えする仕組みを導入するほか、ソウル市独自の保証人制度や家賃補助制度も採り入れた。入居申請をはじめとする各種相談業務の充実、修理用工具の貸し出し、修理技術の講習、修理相談など住宅改良支援も実施している。

さらに画期的な転換は、地域社会の活性化事業の導入だ。たとえば、①公共賃貸住宅内に小規模図書館を設置、②遊休地や空き店舗、空き部屋の多目的利用、③就労の支援、④地域共同体を活性化するコーディネーターの育成、⑤住宅福祉フェスタなどのイベントの開催などである。

地域共同体の育成を趣旨とする「小さな図書館」は、すでに42館がつくられた。ソウル市立図書館、ソウル市ボランティアセンター、地域ネットワークなどからのサポートを受けて、お話し会などのプログラムの充実や図書館ボランティア教育を実施している。公共賃貸住宅入居者だけでなく、民間分譲住宅入居者も利用できる。それは、比較的裕福な入居者が多い民間分譲住宅と低所得者が多い公共賃貸住宅の居住者意識の壁を取り払う地域融合の場とも位置づけているからだ。

長期空き店舗など大きなスペースに関しては、障がい者や高齢者、失業者の雇用支援などを目的に、ヘルパー事業、木工などの作業場・工房、キノコ栽培場、宅配事業施設、さらに居住者の利便性を高めるための銭湯やランドリーなどに転用しつつある。地下空間や屋上では野菜を栽培する。これらの活用計画の作成や運営も、住民参加方式で進めている。

就労や起業の支援も行う。これについては、「住宅都市公社が仕事の支援事業までするのか」と話題になったという。その内容は、①仕事相談、②仕事の創出、③遊休空間の利用、④社会的企業との協力。雇用脆弱階層が大部分を占める公共賃貸住宅入居者への仕事の提供が目的だ。雇用を拡大すれば、購買力が上がるなど地域の活性化も進む。２０１５年度には１１２７人の就労が実現した。内訳は、ヘルパー９４０人、共同作業場作業員64人、住宅修理員58人、高齢者雇用に特化したシニア宅配員56人、まち工房職人９人。就労相談については、ソウル市が実施している「ソウル型ニューディール雇用政策」の相談員を一時大量配置し、就労実績が上がったという（１４３ページ参照）。

このソウル型ニューディール雇用政策には、市が民間企業に対して、雇用促進、雇用期間の拡大、求職登録、就職相談の義務化、社会的経済に関する教育の実施とともに、採用拡大に関する覚書（ＭＯＵ）を締結するという特徴がある。従来の公共雇用政策は一時的雇用で取り繕うことが多かったのに対し、ソウル型ニューディール雇用政策は求職者を継続支援するのが特徴だ。対象者は18歳以上のソウル市民。

仕事の種類は、室内のリフォーム、山林の整備、歩道舗装の実態調査や簡易修理、マンホールの全数調査、登下校時の交通安全指導、児童の安全帰宅サポート、保育コーディネート、地域児童センターのヘルパー、家事ヘルパー、障がい者ヘルパー、高齢者同行サービス管理、生涯教育出張講座などバラエティに富む。とりわけ、市の青年事業や社会的企業青年事業、地域青年事業、エネルギーサポーターなど、厳しい雇用環境に置かれる青年に新しい職業を提供している。

地域活性化のコーディネーターは、新規入居者向けの地域案内、引っ越し祝い、パーティや住民講座、自治会祭りの運営などを担う地域共同体促進のための制度で、新たに設けた。

住宅福祉フェスタは、入居者が地域活動に参加するきっかけをつくるとともに、周辺住民の参加も促し、公共住宅のイメージアップを目的として開催している。

住宅福祉サービスの事業主体になった住宅都市公社

東京都では、都市整備(旧住宅)局、住宅供給公社、独立行政法人都市再生機構が公共住宅政策を担当してきた(現在は、都営住宅の関連業務は住宅供給公社に一本化され、都市整備局は政策関連のみ)。主たる業務は、住宅用地の取得、建設・修理、分譲、賃貸、管理などハード面である。

都市整備局は「２０１６～２０２５東京都住宅マスタープラン」を策定している。そこには８つの「目標」に32の「施策」が盛り込まれ、「子育て環境向上」「高齢者の居住安定」「住宅のバリアフリー化促進」「福祉サービス等と連携した居住支援促進」「照明器具のＬＥＤ化」といった文言が並ぶ。一見、ソウル市のそれと大差ないように見える。だが、ハードの域を超えた政策にはなっていない。新規の都営住宅建設もなく、民間マンションの再生と適正管理、空き家の活用など民間誘導型だ。公的住宅政策としては後退しているように思える。

朴市長は住宅都市公社を、従来の分譲・賃貸といった住居提供事業にとどまらない、住宅福祉政策の基幹的な実施主体へと大きく転換させた。来日した住居福祉本部の課長をはじめ多くの職員は、「キーワードは人権」「権利としての福祉」と述べた。日本の公共住宅政策とは明らかに質的相違がある。住宅政策が人権の保障を重視して進められていることがよくわかった。

たとえば「ソウル特別市社会住宅支援に関する条例」を制定し、安定的で負担可能な住居を市民に提供する事業を進めている。社会的弱者の住宅対策の強化によって、市民の居住選択権を拡大しているのである。一例として、家賃は相場の80％以下、入居保障は6年、入居条件は平均所得の70％以下などの、貧困者サポートメニューがある。

分かち合いとエネルギー自立

冠岳区では、住宅福祉センターを委託された冠岳区住民連帯が住宅福祉相談や支援サービスに加えて、「ナヌムマウル～分かち合いのまち」事業と「エネルギー自立マウル」事業も実施している。

分かち合いとは、店の分かち合い、「才能」つまり知識や技術などの分かち合い、脆弱者見守りの分かち合いなど、地域住民の協働による行為を意味する。食堂が貧困単身者や高齢者に食事を週1回提供したり、居場所づくり、家族の誕生祝いや遠足、「１００人のサンタクロース」(ボランティアのサンタが貧困家庭を訪問)などの活動を行ってきた。

エネルギー自立では、ソウル市の脱原発政策に参加し、生協などと地域エネルギー環境ネットワークを設立・運営。住民に対するエネルギー教育、「夢まち節電所」など省エネ活動の促進(エコマイレージの付与)、住民グループ「夢マウルエコ風」の組織化、自宅や事業所の電気利用状況や節電状況の診断、住宅用太陽光発電の普及、省エネ商品の販売などに取り組んでいる。

なお、脱原発に関しては、「原発1基分を減らすためにエネルギーの節約および市民参加運動を拡大する」という市長公約がある。具体的には、①消費電力の累積削減、エコマイレージ制度へ23万人加入、②

32の市民太陽光発電所を運営、③「分かち合い」(共同)発電施設を3カ所で設置、④817の建築物のエネルギー効率化推進、市民太陽光発電所設置のための融資支援制度の拡大などである。

4 貧困対策と社会的企業の育成

韓国保健社会研究院の2016年の統計によると、韓国の相対的貧困率(世帯収入から国民一人ひとりの所得を試算して順番に並べたとき、真ん中の所得の半分以下の割合)はIMF経済危機直前の1996年の9・0%が、2000年に13・3%、15年は14・7%に上昇している。貧困の原因や背景には諸説あるが、高齢者、青年、ひとり親家庭、非正規労働者問題が深刻であることは間違いない。

それに対して、1996〜2008年の金大中・盧武鉉政権は、それぞれ不十分とはいえ、国民皆年金、基礎老齢年金、国民皆健康保険、介護保険(老人長期療養保険)、公的扶助(国民基礎生活保障)、雇用保険などの社会保障制度を新設あるいは改定して現在の形に整備し、さらに非正規職保護関連法制定(06年)など、非正規労働対策を手掛けてきた。また、「貧困撤廃のための社会連帯」(08年4月設立)、「全国露天商総連合」(86年に全国撤去民連合として発足後、改称)、「野宿者福祉と人権を実践する人びと〜ホームレス行動」(01年発足)、「全国商店街テナント協会」(13年設立)などの市民社会団体が貧困問題に取り組んできたという(17年10月21日の「反貧困集会」における姜乃栄氏の報告)。

そうしたなかで、盧武鉉政権時の2006年12月に社会的企業育成法が制定され、07年7月に施行された。第1条(目的)で、「社会的企業の設立・運営を支援し、社会的企業を育成することで、われわれの社会で十分に供給されていない社会サービスを拡充し、新しい就労の場を創り出し、もって社会統合と国民生活の質の向上に資することを目的とする」と謳い、第2条で以下のように定義している。

１「社会的企業」とは、脆弱階層に社会サービスもしくは就労の場を提供し、または地域社会に貢献することによって、地域住民の生活の質を高めるなどの社会的目的を追求しつつ、財貨およびサービスの生産・販売などの営業活動を行う企業として認証を受けた者をいう。

２「脆弱階層」とは、自身に必要な社会サービスを市場価格で購入することに困難があり、または労働市場の通常条件での就業がとくに困難な階層をいい、その具体的な基準は大統領令で定める。

３「社会サービス」とは、教育、保健、社会福祉、環境および文化分野のサービス、その他これに準ずるサービスとして大統領令で定める分野のサービスをいう。

４「連係企業」とは、特定の社会的企業に対して財政支援、経営諮問など多様な支援をする企業として、その社会的企業と人的・物的・法的に独立している者をいう。

５「連係地方自治体」とは、地域住民のための社会サービスの拡充および就労の場の創出のために、特定の社会的企業を行政的・財政的に支援する地方自治体をいう。

（(独)労働政策研究・研修機構の訳（表記を一部修正））

また、社会的企業振興院は２０１５年に社会的企業の役割を定義している。

①社会サービスの拡充――新たな公共サービス、ニーズの充足、公共サービスの改革
②持続可能な仕事の提供――脆弱階層の労働市場への統合、良い仕事の拡大
③倫理的な市場の拡大――企業の社会貢献と倫理的経営文化の拡大

④地域社会の活性化――地域社会の統合と社会的投資の拡大をとおした地域経済の発展

２０１２年に制定された協同組合基本法と合わせて、大財閥・大企業の対極に位置し、地域で新たなコミュニティの創出と分かち合い（協働）が積極的に推進されている。これは同時に、貧困対策の強化にもつながる。韓国の反貧困運動は、社会的企業育成法と協同組合基本法を活用しながら、地域における面的展開を明確に意識していると言える。

ソウル市政はこれを肉付けし、貧困政策と地域政策をより進めていく方針だ。「ソウル型社会的企業の主な事業」としては４つが挙げられている。

①社会福祉分野――高齢者宅配、脱北者（セトミン）の生活安定支援、訪問療養サービス
②保健・保育分野――家庭ヘルパーの派遣、放課後学校への講師派遣、売春被害女性の創業支援
③文化・教育分野――恵まれない人びとへの文化公演、博物館の体験学習、障がい者の芸術活動
④環境・ＩＴ分野――家電製品や自転車のリサイクル、住宅修理

２０１４年１月の事業報告では、「４２５の社会的企業、９６７の協同組合、１１１の村（共同体）企業など、計１５０３の社会的経済組織を発掘・育成した」と発表し、「目に見える成長だけでなく、社会的経済政策が長期的に発展するための推進基盤を築いた」と評価。そのうえで、推進目標数値を「地域内総生産（生産、消費、物価などの基礎統計をもとに推計した地域の付加価値としての総合経済指標）比２％、雇用全体比８％」としている。

このように、貧困をなくす取り組みが、地域を単位として複合的に進められていることがよくわかる。日本では生活困窮者や脆弱階層への支援が、炊き出し、生活保護申請の支援、各種相談など点と点で行わ

れている場合が多い。一方、地方自治体では、たとえば大阪府豊中市が、社会福祉協議会や住民自治組織、民間支援組織などと連携して面的に実施しつつあり、岩手県など東日本大震災の被災地復興でも地域協働のまちづくりの模索が続いている。だが、こうしたケースはまだ少ない。これに対してソウル市では、地方自治体が政策化・制度化し、住民は自主的な活動を進め、両者が連携して地域という面での貧困対策が成果をあげつつある。

付記：ソンミサン・マウル

コミュニティ組織の活動として、日本ではソンミサン・マウルがかなり知られている。ソウル市公式サイトにも紹介されているし、日本の各グループの訪問記もインターネットで簡単に検索できるので、本書ではあらましの紹介にとどめる。

ソンミサン・マウルはソウル市麻浦（マポ）区の西部地域（城山、西橋、望遠、延南洞一帯）にある小高い丘・ソンミ山周辺に位置する。半径1キロ程度の自転車と徒歩で行ける距離の５００〜７００世帯で構成され、30〜40代の家族を中心とするコミュニティだ。１９９４年の共同保育協同組合保育園の設立に始まり、２００１年ごろから自然保護運動をベースに多様な活動が活発に行われている。以下がその概要である（現在は廃止された活動もある）。

①住民の活動

共同保育、学童保育、ソンミサン学校（非認可の都会型オルタナティブスクール。小学校・中学校・高校の12年制で、政府からの支援も干渉もない。１８０名在学、教師40名（講師を含む）、市民空間「ＮＡＲＵ（ナル）」

（女性民友会、緑交通、市民行動、環境正義の４団体の共有で地下に劇場があり、演劇を上演するほか住民のミーティングにも使用）

②企業

生協、リサイクルショップ、モグラ実験室（若者のコミュニティ空間、カフェ）、障がい者工房、共同住宅、有機農産物を使った惣菜店、ソンミサンまちの金庫、チャグンナム（小さい木）カフェ、ソンミサン食膳、ヒーリングスポット

③その他

マポ希望分かち合い（一人暮らしの高齢者の食事や移動の支援、家の修理、児童の支援）、子ども書店、ソンミサン町内講（親睦・扶助・金融）、マポＦＭ（地域放送局）、医療生協、ウリ動物病院生命社会的協同組合

私の友人は共同住宅を造り、住んでいる。地域のつながりや協働性は一般地区と比べてはるかに濃密に感じられ、日本からの視察が多いのも納得がいく。

これまで紹介してきたように、「ソーシャル・キャピタル」とも言われる「地域における非営利・協同のネットワーク、人と人のネットワーク」（坪郷實・早稲田大学社会科学総合学術院教授）が、ソウル市と地域住民によって積み重ねられてきた。貧困問題に地域全体で取り組み、住宅と雇用と福祉を一体化しているところに、日本が学ぶべき最大のポイントがあると思われる。

第6章　私の政治哲学――革新と協同統治

朴　元淳

第2章では朴元淳市長に、市民が主体となり、地方自治体が市民をサポートするという市民民主主義の基本理念を明確に語っていただいた。それを踏まえ、第3～5章ではソウル市の労働政策や福祉政策などを具体的に紹介した。本章では、それらを貫く市政のポリシーと、その背後にある政治哲学を伝える。

朴市長を知る多くの人たちが「一度会うと、人柄に惚れてファンになる」と語る。私も1時間程度の面談にもかかわらず、その人柄、温かさ、包容力、気遣いに触れることができた。そして、何よりも理念がしっかりしていて、決して思いつきで市政を進めているのではないことを言葉の端々から強く感じた。

時間を有効に使うため、事前に質問内容を送り、仲介の労をとってくださったソウル市労働協力官（前労働補佐官）の趙誠柱（チョ・ソンジュ）さんと演説担当補佐官のチュ・チュンヒョンさんに、私の活動や本書の趣旨、これまで行ってきたソウル市の調査について、レクチャーしていただいた。なお、第4章を執筆した上林陽治さんも同席している。また、本章では他のインタビューや講演記録も一部引用して、可能なかぎり市長の実像を浮かび上がらせるように工夫した。

（白石　孝）

❶ 市民民主主義の日常化

白石　このインタビューを通じて、先進的な自治体政策を進めているソウル市の実相を日本の市民に紹介したいと思います。まず、市政運営の基本的なポリシーをお聞かせください。

朴　私はソウル市長になってから、「革新（改革）」と「協治（協同統治＝市民統治）」という２つのキーワードで、新たなソウル市にすべく市政を引っ張ってきました。現在は、過去と異なる時代的パラダイムがなければなりません。これまでのような高度成長時代ではないという前提で、人間中心、そして暮らしの質と市民の幸せのために人権を基礎に置いた市政の実現を考えています。今日とはまた違う明日のために、絶えず革新していかなければならない。しかも、市長ひとりの考えではなく、市民との協力のもとで進めることが大切です。ソウル市の政策はすべて、市民が提案したり、市民がリードする政策と言えます。

すでに、既存の土木工事中心政策を転換し、社会福祉を強化するための予算を2倍以上に増やしました。また、非正規職の正規職化を、労働者が尊重される「労働尊重特別市」として主要政策に位置づけました。これらは、人権を基礎に置いた市政に基づく政策です。

※こうした朴市長の基本的なスタンスについては、『ソウル新聞』（2016年5月1日）のインタビューでも触れている（「東洋経済オンライン」16年5月4日配信記事）。

「ハードウェアからソフトウェアへ、モノ中心から人間重視へ、抽象的な大きな枠での議論から細かな政策の立案・実践へ、という原則に基づいて仕事に臨んでいる」

「誰もが記憶に残るような事業はないかもしれないが、市長の職務とは市民の夢を実現することだ。私は、市民の福祉においてコペルニクス的転換が生じたと考えている。市民は実際の生活の中で、その変化を知ることになるだろう。たとえば青年層にとっては、(求職活動のための)青年手当のような青年向けの福祉政策を記憶してくれると信じている」

「(埋め立てられていた川を清流に復元した)清渓川事業をまねて、地方の河川でも似たような工事を行った。結果、本来は美しかった河川を台無しにしてしまった。私は逆に、たとえばソウル市北西部の川で、その景観を損ねているコンクリート護岸をすべて取り除こうと考えている」

「その分、福祉に予算を回す。川にカネを捨てるような政策は避けたい。2015年にはソウル市は債務7兆8000億ウォン(7800億円)を返済する予算をもっていたが、その債務圧縮の一部を延期し、4兆ウォン分を福祉予算の拡充に回した。福祉団体がソウル市の福祉予算を26%から30%に引き上げてほしいと言ってきたが、私は34%に引き上げている。今月(16年5月)、ソウルに1000カ所目となる公営の子どものための福祉施設が開園する。ソウル市民の生活の質は、かなりの程度改善したと言える」

白石　第2章では市政の基本理念を全面的に語られていますが、改めて政治哲学をお聞かせください。

朴　2016年秋から17年春に起こったキャンドル広場における集会やデモは、大韓民国憲法第1条の「すべての権力は国民から生じる」という国民主権主義を、市民自ら実現した大きな出来事とみることができます。何よりも、全国で延べ約1700万人が参加する非常に大規模な集会だったにもかかわらず、ただひとつの暴力も事故もありませんでした、その事実こそ、完全な平和精神と、あらゆる法に従う法治主義に基づく、市民名誉革命と言えます。

そこで重要なのは、市民たちが広場に集まったことだけで民主主義が守られるのではなく、日常の暮らしのなかで民主主義を実現する、日常の民

右が朴市長、左が白石(2017 年 11 月 29 日、ソウル市庁舎の市長室)

主主義に向かわねばならないということです。市民がすべての公共の事柄について提案し、討論して、決定する。そして、決定に従い、実行まで責任をもつ。文字どおり国民主権、市民民主主義を日常化しなければなりません。

ソウル市は1000万人を超える巨大都市にもかかわらず、市民参加予算制度を導入しました。また、300万人にのぼるソウル市民がさまざまな省エネ事業などに参加し、原発1基分の電力削減を実現しました。これらは、ほとんど市民の参加と決定に基づいています。

スペインのマドリード市は最近、「サイドマドリード」という市民の声を集める仕組みを設けました。分野別および21行政区ごとの地区別諮問委員会の設置です。これにならって、「サイドソウル」という概念に基づいて「民主主義インソウル」というオンライン上のプラットフォームを作成。市民がさまざまに提案して討論し、決定・実行できるようにしました。

※平和的なキャンドル市民革命に関して、日本の保守系・右派系マスメディアや政治家は誹謗中傷を繰り返している。たとえば、日本経済新聞ソウル支局長の峯岸博氏は『韓国の憂鬱』(日本経済新聞出版社、２０１７年)で、こう述べている。

「反政権団体は、ろうそく集会への参加者を広げながら、自らは裏方となり」「一般市民が抱くデモ＝過激、危険というイメージを薄め」「過激な抗議スタイルを封印、市民集会の体裁を前面に押し出し、ソフト路線を演出」

集会やデモは特定の組織や政治家に操られるもの、という発想しかもっていない人からすれば、市民民主主義の姿が思い浮かばないのだろう。だが、韓国の市民社会運動は、それを具体化したのだ。

白石　市民がソウル市政に参加しているという実感があるのですね。

バスを利用した地方からの動員者ばかりの閑散とした
保守派の集会（ソウル市庁舎前広場、2017 年 1 月 21 日）

朴　そうです。ソウル市のあらゆる政策を市民が自ら決定しています。たとえば、ソウル市の未来を決定する「２０３０ソウルプラン」という都市基本計画です。私は一度も、自分の意見を述べたことはありません。ところが、市民が多様に提案し、書きあげ、討論し、論争して、完成させた案を見ると、私の考えとほとんど違わないことがわかり、とても驚きました。いろいろな市民がいるでしょうが、集団知性としての市民は偉大だと確信しています。

　原発削減事業については、エコポイント制度の導入でエネルギー使用量を減らしたり、太陽光発電システムを積極的に普及したりして、原発2基分の代替効果をもたらしました。ソウル市のこうした実践を全国に拡大すれば、14基の原発をすぐに止めても問題が起きないということです。韓国には現在24基の原発があります。各自治体がソウル市のようにして、もう少し努力すれば、原発がひとつもなくても大韓民国は問題ありません。

　私は２０１７年10月、「太陽の都市ソウル」を宣言しました。22年までに１００万世帯に太陽光パネルを設置して、エネルギー使用量を1ギガワット減らそうという内容です。私が声高に言えるのは、市民が協力し、市民主体ですでに行ってきたという自信を反映しているからです。

2 いのちと暮らしを大切にする市政

白石　松坡（ソンパ）区では親子が貧困で、地下鉄の九宜（クイ）駅では委託労働者が労災で、それぞれ亡くなりました。この悲しい出来事について、「二度と人を死なせてはならない」と政策につなげられました。そのお気持ちを聞かせてください。

朴　白石さんのように、私の政策の流れや展望を詳しく知っていらっしゃるのは感動的です。日本の政策についてそこまで深く研究・省察する韓国人はいないと思います。

日本から多く学ぶのは、白石さんのように、ひとつのイシューやテーマについて深く研究し、絶えず省察する方が多い点です。私は日本からいつも学んでいますし、今後も多くを学ぼうと考えています。お話の松坡三母娘事件や九宜駅事故は、本当に悲劇的な出来事でした。また、私にも大きな責任がある事件と事故でした。このような出来事が二度と起こらないようにするのが、責任者である市長の姿勢であると考えています。単に市民の記憶からなくなれば終わりではなく、再び起きないように徹頭徹尾、真相を調査し、対策を立てなければなりません。私は「市民は忘れても、ソウル市は忘れない」と宣言しました。

九宜駅事故は新自由主義政策の結果ですが、私が行政を担当しているこのソウル市で、新自由主義の巨大な影響があることが、「灯台下暗し」で見えなかったのです。過去には、経済効率性を優先し、人命を相対的に軽視する政策がありました。私はすぐに新しい政策を準備し、発表しました。過去に外注化した事業を直営に戻し、正規職化する努力を引き続き行い、システムと制度を変える努力をしています。

※「２０１４年2月26日午後8時30分ごろ、松坡区の石村洞(ソクチョンドン)の2階建ての戸建て住宅に付属する半地下の貸部屋で、生活苦を悲観した母と2人の娘が遺体で発見された。その部屋には真っ白な封筒が残され、70万ウォン(7万円)が入っていた。それは、家賃50万ウォン、ガス料金12万９０００ウォン、電気料金・水道料金などを見積った額だ。封筒の表には『家主のおばさんには申し訳ありません。最後の家賃と公共料金です。本当に申し訳ありません』と記されていた。命を終える最後の瞬間でさえ、３人は『申し訳ない』と封筒に書いた。60代の母親と30代の2人の娘は、現金を入れた封筒

を残してこの世を去った。

夫と父親を失った3人は2005年に引っ越してきた。保証金500万ウォン(50万円)、1カ月の家賃38万ウォン。長女は糖尿病と高血圧を患い、次女はコンビニでアルバイトするなど仕事は不安定。長女の手帳には、1年前からの血糖値が記録されていた。警察は「金がなくて病院にも行けず、薬もまともに買えなかったとみられる」と話した。死を選択するほどに絶望的状況だったが、3人の母娘は政府の支援を受けられなかった。松坡区庁関係者は「基礎生活受給ラインにいるとして(生活保護を)申請をした記録は、まったくない」と話した」(『ハンギョレ(日本語版)』2014年2月27日、訳を一部修正)

※「2016年5月に九宜駅で起きたホームドア事故は、効率優先の『市場万能主義』体制が生命と安全をいかに簡単に放棄しうるかをよく示している。ソウルメトロの合理化策は、天下り先になっている委託会社での非正規雇用者の低賃金と危険な労働をもたらした結果、19歳の労働者を死に追いやった。事故が処理されていく間も、現場を軽視する経営陣は『机上の対策』を繰り返すだけで、危険極まりないシステムを根本的に改めようとしていないことが次々と明るみになった。
2004年にソウル市長だった李明博前大統領は、地下鉄構内での転落事故や投身自殺が頻発すると、設立後5カ月しか経たず、技術も経験も足りない業者にホームドア設置工事を任せた。後任の呉世勲市長も、公営企業のリストラのひとつとしてソウルメトロ職員の20%を解雇して派遣会社に転籍したうえ、09年にホームドアを97駅に設置するため、1年以内の完了を目標に突貫工事を強行。結局、ずさんな工事で故障が頻繁に起き、死亡事故が起きた。

『人間のために金が必要なのに、この社会は金のために人間が必要になっている』

九宜駅のホームに貼られたメモのフレーズは、われわれを暗澹たる思いにさせる。

朴市長は7日、九宜駅の事故に関して公式会見し、『特権と慣習を根絶する』として市民や専門家が参加する真相究明委員会の設置を明らかにした。遅ればせながらも、生命と安全に関する業務の直営化など大まかな方向は正しいと言えよう」(『ハンギョレ(日本語版)』２０１６年６月７日、訳を一部修正)

白石　ソウル住宅都市公社は保守政権時代につくられた組織です。それを住宅政策と福祉政策を連動させる事業へ転換していると、来日された住宅都市公社職員の報告会で聞きました。急速に進む少子化や高齢化に対応するために１～２人世帯用へ改修し、就職できない人に就職や起業の場を提供していると聞き、強く印象に残っています。

朴　そのとおりです。公共賃貸住宅を増やさねばならないと考え、毎年２万戸程度建ててきました。それを数十年続けて、公共賃貸住宅の比率をオーストリアのウィーン市のように、70％にまでしていかなければなりません。公共賃貸住宅を望む全市民に提供できなければならないのです。公共賃貸住宅でなく、もっと高級な住宅に住みたいという人以外の全市民に提供すべきと考えています。私がソウル市長を今後１００年続けられれば、可能だと思っているのですけど(笑)。

また、問題は住宅への対応だけではありません。公共賃貸住宅には、脆弱階層の市民が多く入居していますから、住居の提供だけでは不十分です。入居者に仕事と福祉を提供しなければいけないと私は考えました。ですから、住宅都市公社が公共賃貸住宅入居者の仕事をつくることが必要であり、それは公共政策なのです。社会的経済や協同組合により雇用が創出されると考え、努力しています。

趙　公共賃貸住宅居住者には、市長が言うように長く仕事に就けない人が多いので、住宅都市公社では、ソウル型ニューディール雇用政策の相談員１００人を集中的に投入。相談を受けた結果、約40％が就職できました。そのほとんどは生活保護受給者です。これはたいへん高い数字であり、成果と言えます。この事業を住宅都市公社ではさらに拡大しているところです。

白石　日本に、滋賀県野洲《やす》市という人口５万人の小さな市があります。その山仲善彰市長が朴市長と同じような政策を採っています。野洲市では、「税金を滞納している市民は、ぜひ市役所に相談しに来てください」と言うんです。通称「ようこそ滞納してくださいました条例」（くらし支えあい条例）を制定しました。税金を滞納している市民は、住民税だけでなく、国民健康保険、介護保険、年金、教育関係費なども支払えません。そこで、滞納者に市役所がワンストップサービスで対応している。就業・福祉・ローンなどについて市役所スタッフが横断的な体制で相談を受けた結果、納税する市民が増え、仕事を得る市民も増えました。

朴　そうですか。次に日本へ行ったときは、必ず野洲市に行かねばなりませんね。

３ 労働政策は、みんなのための政策

白石　「労働尊重特別市」を掲げる市長は、「ソウル市民の多くは働いている。だから、雇用・労働問題は限られた一部の人のための政策ではなく、みんなのための政策である」と信念をもって臨んでおられます。

朴　大韓民国全体で見れば、人口５０００万人のうち１８００万人が労働者と言われています。その家族まで含めると、国民の大多数は労働者と言えます。にもかかわらず、過去の韓国は財閥や大企業中心の国家だったため、「労働者」という用語は使われてきませんでした。[1] 労働運動は長い間、「社会の変革を目指し、社会を不安にする」という（保守政権や警察、検察などの）決めつけで、治安上の対象と見られてきたのです。

しかし、それは過去の軍事独裁政権の公安的な

見方にすぎません。労働とは神聖なものであり、労働者は尊重されてしかるべきです。こうした基本的哲学のもとで私は、労働に関する多くの政策を変えてきました。市長就任時には、労働政策の担当職員は２人しかいませんでした。いまでは雇用労働局のもとに雇用労働政策課など４つの課があります。それは、どれほどソウル市の労働政策が変わったかを象徴している事実です。

白石　労働時間の短縮は、過労を防ぐだけでなく、地域での労働者の暮らし全般を大切にする、つまり人間丸ごとを対象にする政策であることに、感銘を受けました。明るいうちに家庭や地域に帰って家族と夕食をともにする、地域活動やサークル活動をする、市民農園で野菜を作るなど、労働者の時間を取り戻すという思考がとても印象深いです。

朴　私が非正規労働者の正規職化、労働者理事制度、生活賃金条例の制定など多くの労働政策を進めたのは、本来政府が行うべきにもかかわらず行ってこなかったからです。ソウル市は、法律内で可能な政策を最善を尽くしてやってきましたが、行く道は遠いと考えています。そのひとつが、いま私たちが実験している時間短縮型雇用創出です。ソウル信用保証財団とソウル医療院（市立病院）で、残業時間を減らし、正規職を採用するモデル実験に取り組んでいます。職員は超過勤労手当を受けられなくなるので、労働者としては若干譲歩を強いられる。手当の削減分で、労働者を追加採用して雇用創出につなげる政策です。

韓国はＯＥＣＤ諸国のうち最も長い労働時間に苦しんでおり、一方で労働生産性は最も低い国のうちのひとつです。この部分について大きな革命

（１）韓国では「勤労者」という言葉が使われてきた。現在、「労働者」へ変える動きが起きている。

を起こさなければならないと、私は考えました。現在の実験段階を経て、今後すべての公務員や傘下（出資、出捐）機関で、この方向にもっていこうと思っています。

※2017年9月5〜6日、ILO（国際労働機関）事務局長をメインゲストに招いて、ソウル市は「ディーセント・ワーク都市国際フォーラム」を主催した。その最後に「ソウル宣言」を採択し、朴市長はおおむね以下のようなスピーチをしている。

「今回のフォーラムは、ディーセント・ワーク（働きがいのある人間らしい仕事）とその価値を都市レベルで実現していく事例を共有し、今後の私たちが進まなければならない方向を真剣に悩んでみる時間になりました。私たちは各国の都市の労働政策を一目で見て、都市は労働の始まりであり、未来であるという言葉を実感できました。ニューヨーク市、ロンドン市、サンパウロ市、アフリカなど各都市の多様な経験と事例は、私とソウル市、大韓民国の労働政策に多くのインスピレーションを与えたと思います。ILOは、熟練労働と技術、地域レベルの統合的社会政策の重要性を強調されました。これらをソウル市で熟慮して、政策に積極的に反映したいと思います。

ソウル市は、都市におけるディーセント・ワークとは何かに悩みつつ、地方政府レベルで先導的な労働政策をつくってきました。地方政府は、労働者の人権を保護して社会的なセーフティネットを提供する最後の砦でなければならないと考えます。この十数年間、わが国社会全般に起きた労働権の全般的な後退に対応して、ソウル市が労働尊重特別市政策を推進したのは、こうした背景からです。

今日、私たちはソウル宣言を採択しました。ここに、ソウルの未来を盛り込んでいます。ソウル宣言は、雇用労働政策における都市政府の役割について新しいビジョンと観点を提示しました。ソウル市は、世界都市共同体の一員としてその役割と使命を果たします。都市レベルの実践に向けた国際協同ネットワークを構築して都市間協力を導き出すことによって、労働尊重の哲学が全世界の都市に広がっていく先頭に立ちます。

ディーセント・ワークは市民が品格ある生活を享受するために最も必要であるというのが、私の考えです。ソウル市は、これまで推進してきた労働政策を一層アップグレードし、発展して、労使政（労働組合、企業、政府）と市民社会全体、さらには中央政府、国際機構と協力して、良い雇用を創り出せるように積極的に支援します。

これまで一生懸命に走ってきました。しかし、行くべき道はまだ遠いです。「早く行くには一人で行き、遠く行くには共に行け」という言葉があります。私たちは共に行くことを選択し、今後も共に行きます」（主催者側の記録をもとに、脇田滋氏が試訳し、一部修正）

❹ 行政機関をコミュニティの拠点へ

白石　「出かける福祉」について日本では、行政が住民を訪問する福祉政策という受けとめ方です。でも、上林さんや私はそれだけではないと考えています。洞住民センターが拠点となり、そこでコミュニティの地域力を高め、地域共同体や分かち合い（地域協働）も採り入れる政策だという見方です。「出かける福祉」をとおして、地域の連帯やコミュニケーションを高めようとしていると思いますが、いかがでしょうか。

朴　中央政府も地方政府も、多くの福祉プロジェクトを進めています。それらの政策遂行拠点は、末端で住民に接する洞住民センターです。ところが、実施しなければならない政策は多いのに、人が足りなかった。だから、政策がきちんと実現されなかったのです。そこに注目してソウル市は、平均7名程度を各洞住民センターに追加して新たに採用し、配置しました。社会福祉公務員、看護師、まちのコーディネーターたちです。

こうして、まずは中央政府や地方政府の政策がしっかり実現できるような体制をつくりました。次に、増えた職員たちが洞住民センターで待つのではなく、家々に訪ねて行き、法制度を知らなかったり、内容がよくわからずに恩恵を受けられなかった住民に、家庭事情を勘案しながら、各世帯ごとに合うオーダーメイド型福祉を提供し始めたのです。これは、福祉に限りません。住民の健康をチェックして、保健所に案内したり市立病院に結びつけたりして、保健と健康についても行っています。

また、行政機関だけで進めるのでなく、地域コミュニティの多様な自主的組織や親睦団体なども、活動に参加できるようにしました。それが各区で広がっています。これからは、保育や教育の分野にも拡大させようと考えています。こうして、コミュニティの中心地としての洞住民センターになっていくのではないでしょうか。現在は「出かける福祉」中心の政策ですが、次のステップでは、コミュニティのすべての活動の中心地となるように準備しているところです。

これまでの洞住民センターは、公務員が事務を執る事務所でした。現在は、住民が訪れて楽しむところ、たとえばギャラリー、カフェ、アートセンターなどに変わりつつあります。私たちは有名な建築家たちと「偉大な計画」という契約を結びました。彼らは高額の謝礼や委託金を受けずに、洞事務所の外観も内部のスペースも変えました。2016年にソウル市が発行した『出かける洞住民センター』を見て下さい。

白石　私たちが訪れたソンミサン地区、冠岳区、衿川(クムチョン)区の禿山(トクサン)などでは、素晴らしい洞住民センターや地域住民の活動がありました。

ところで、市長の年頭の辞などを読んで感じるのは、ソウル市で働く公務員への強い想いです。たとえば、日本の橋下徹・前大阪市長などと明らかに違います。公務員への見方をお聞かせください。

朴　私は公務員出身でも政治家出身でもありません。行政外部の市民団体の出身であり、以前はいつも公務員を批判する立場でした。市長になって、公務員とどう対応するかを考えました。私が下した結論は、公務員は改革の対象ではなく、改革の主体であり同伴者であるということです。なぜなら、外部からは批判できますが、内部で公務員を敵に回しては改革できないじゃないですか。

　そこで、公務員たちに、私と一緒に共同の計画を進めていこうと提案しました。実際、ソウル市の公務員は、私が時代の方向を正しく認識して提示すれば、共に一生懸命に働いていただけます。だから、「出かける福祉」とか原発削減とか、過去6年間で世界に輝く成果を収めてこられたのです。「革新と協同統治」に基づいて成果をあげてきたことについて、ソウル市職員に対して本当にありがたく思っており、私はいつも賞賛し、感謝しています。

※『ソウル新聞』のインタビュー（136ページ参照）でも、「市長がソウル市の公務員を信じず、出身地盤である市民団体出身者ばかり信頼しているという批判もあるが」という問いに対して、こう答えている。

「市長になれば、1万7000人のソウル市公務員とともに改革を行うことは私の信念だった。公務員を敵に回して、成功できるものがあるだろうか。ただし、公務員はローテーションで職場と職責が定期的に動く分、専門家が育ちにくい。だから、外部から人材を求め、専門家や新たな発想を市政に吹き込もうとした。とくに、課長・局長級に幅広い分野から集めて、公務員にした」

5　中央と地方の関係

上林　たとえばソウル市で青年手当を実施しよ

うとしたとき、朴槿恵政権から圧力がかかって止められたり、生活賃金条例を委託先事業者に適用しようとしても、地方契約法で「何らかの条件を付けてはならない」など、ソウル市と中央政府が衝突してきました。現在は文在寅政権に変わりましたが、中央政府との関係をどう変えるのか、今後の見通しについてお聞かせください。

朴　李明博政権と朴槿恵政権下でソウル市長を6年間やってきましたから、衝突や圧力、弾圧がありました。ソウル市がもつ合法的な枠内で最善を尽くしてきたものの、中央政府の協力を得られず、うまくいかなかった政策があったのは事実です。

しかし、中央政府は変わりました。私に近い、共に民主党が与党の中央政府ができたので、今後はより友好的で協力的な関係が築かれ、発展していくでしょう。いまの中央政府は、ソウル市が実行し、検証された政策を採り入れるのが基本的立場です。また、ソウル市で仕事をしてきた多くの人が青瓦台に行っているので、すべての面で協力的です。雇用労働部長官も私にとても近いし、労働政策補佐官もソウル市で働いていた人です。私たちとコミュニケーションがとれ、今後は良い政策が生まれると期待しています。

文在寅大統領の公約の56％がソウル市の政策とシンクロしている、という分析もあります。事実上、多くのソウル市の政策が中央政府に採択されているのです。（日本語で）しかし、ロイヤリティはないんです（笑）。

※2017年5月の大統領選挙を前にした4月12日、朴市長は大統領選挙立候補予定者に向けて「新しい大韓民国のための政策建議10大核心課題」を発表した。国税の地方税への移管検討、生活賃金制度拡大のための根拠法令の準備はじめ、朴市長の中核的政策を国でも採り入れることが主な内容である。

「自治体首長の住民直接選挙制実施から22年が過ぎ

たが、中央政府に予算作成権力が過度に集中している現実を克服し、実質的な地方分権を実現するために、付加価値税の地方自治体配分率を引き上げる。飲食業、不動産仲介業などの地方行政サービスと密接に関連した付加価値税などを地方へ移管する。

　地方自治体の財政自立度は１９９２年の69・６％から２０１６年の46・６％まで、継続して低下している。また、中央政府の承認なしでは、自治体首長が副市長職、室・本部・局の新設が不可能である。多くの国家事務を地方自治体に委譲する際の財政支出を義務化し、地方自治体行政機構と公務員定員を条例で定められるように地方自治法を改正する。

　所得の下位20％層と上位20％層の平均格差は、１９９５年の３・68倍から２０１５年の４・22倍に高まっている。所得不平等の緩和とＯＥＣＤ諸国で最長水準の労働時間を縮小し、労使の懸案事項解消のために、最低賃金法などの関連法律を改正し、生活賃金制度を全国的に拡大させるための根拠法令を用意する。ソウル市で公企業と出資・支援機関に導入した労働者理事制度を法制化する。

　訪問する洞住民センター、青年基本政策、公立子どもの家の拡充、患者が安心できる病院の拡大、環境配慮型無償給食への支援、公共賃貸住宅の拡大などの政策を全国に広げる。

　老朽化した地下鉄施設と車両の改善に係る費用の国庫補助を行う。地下鉄料金の高齢者無料化費用を国家が負担するなど、都市鉄道法を改正する。

　市長は『大韓民国革新の試金石として、ソウル市の政策コンテンツとノウハウが国政に反映されれば、新しい時代への転換に寄与すると期待する』と話した」（『京郷新聞』２０１７年４月12日、脇田滋氏の訳を一部修正）

白石　このインタビューを収録する本は、日本に市民民主主義に基づく市民社会運動をつくるための参考になるように書くつもりです。非常にお忙しいところ、１時間もとっていただき、ありがとうございました。

朴　たいへんありがとうございます。

第7章　韓国の市民社会運動に学ぶ

白石　孝

1　注目すべき市民社会団体

韓国で民主派と呼ばれる革新系運動団体で、日本の労働運動や市民運動関係者に知られているのは、労働団体では「民主労総」（全国民主労働組合総連盟、１９９５年結成）、市民社会団体では「参与連帯」（参与民主社会と人権のための市民連帯）だろう。70年11月にソウル市東大門の平和市場前で「勤労（労働）基準法を守れ」などと抗議して焼身自殺した全泰壱（チョン・テイル）氏を追悼して、毎年11月に開催される「労働者大会」には、日本からも多くの労働組合関係者が参加する。解雇争議などへの支援も頻繁に行われ、一部の労働組合は日常的な交流もしている。ただし、労働団体とも市民社会団体とも関わりをもつ人はそれほど多くない（言うまでもなく、歴史認識や戦争責任関係の運動交流が最も長く続いている）。

私は非正規労働者問題や韓国版マイナンバー（住民登録番号制度）などを中心に、１９９０年代なかばから交流を続けてきた。その後、２０００年４月に実施された韓国総選挙での「落選運動」（正式名称は「落薦・落選運動」）に衝撃を受け、その中心的組織として参与連帯の存在を意識するようになる。以後、何回も事務所を訪問し、話を聞いてきた。

こうした労働運動と社会運動の20年を超える交流で、１９８０年代の民主化闘争の経験と蓄積が大きく開花し、財産となっていることを再確認した。いわゆる「３８６」世代（30ページ参照、最近は「86世代」とも言う）が活動の軸になっている。個人的には、２００４年総選挙で躍進した民主労働党（２０００～11年）、労働組合では民主労総に期待した。しかし、いずれも内部対立や分裂を繰り返すなど日本の革新勢力と似たような傾向があり、がっかりさせられた面もある。

ここでは、私が大きく注目してきた市民社会団体として、朴元淳ソウル市長が中心になって設立した参与連帯を詳しく紹介する。あわせて、やはり朴市長が中心になった希望製作所、活動内容に学ぶべきことが多い福祉国家ソサエティとマニフェスト実践本部について述べる。

2 組織も財政も確立している参与連帯（People's Solidarity for Participatory Democracy）

設立の経緯と活動原則

１９８７年の民主化以降の本格的な市民団体に、経済正義実践市民連合（経実連、89年7月発足）がある。民衆運動や労働運動の政治（主義）的な運動傾向を批判して一線を画し、「民衆運動」ではなく「市民運動」であることを強調して活動を進めてきた。しかし、文民政府（金泳三政権）に対して協調姿勢をとったために「保守的市民運動」であると批判され、民衆運動や労働運動との対立が深まっていく。

そこで、民衆運動と市民運動が連携する「進歩的市民運動」が知識人や専門家の間で模索され、1994年9月に参与連帯が244人で発足した。「政府の暴走を監視、大財閥中心の経済を規制する市民参加の運動を通して、民主主義社会の基礎を固め、人らしく生きることができる社会の実現をめざす社会運動」である(以下を含めて、2017年版日本語リーフレットから引用(一部修正))。なお、参与とは参加よりも積極的・能動的な概念で、参画に近い。基本的な活動原則は、以下の4点である。

①監視——権力に対する監視と牽制は、参与連帯の使命。市民が本当の主人公となる国にするために、日々国家権力の暴走や民意からの遊離を厳しく監視する番人になる。

②代案——合理的で妥当だとしても、批判だけでなく、実現可能な代案までを提示する。市民の暮らしに必要なさまざまな代案を研究し、提案する。

③参画——参与連帯の力は、市民から生み出される。財政支援からボランティア、キャンペーン運動まで、市民の参画が参与連帯の根源だ。

④連帯——社会的弱者や少数者の声に耳を傾け、また、国内のみにとどまらず、民主主義と平和のために、国境を超え、世界市民と共に歩む。

会員・組織構成・主な活動

年報『参与連帯2016』によると、2016年度末の会員数は1万4827人で、過去最高である。年齢別にみると、20代6・2%、30代19・8%、40代41・2%、50代23・0%、60代以上9・2%。日本の市民社会団体に比べて、若い世代が活動の主体だ。それでも、韓国でも「若い世代が関心をもたなくなり、高齢化が進んでいるのが課題」と言われるように、20代はぐっと少ない。地域的には、ソウル市38・7%、京畿道（キョンギド）28・7%と首都圏で3分の2を超え、江原道（カンウォンド）1・6%、済州（チェジュ）特別道0・7%と地域的偏在が著しい。都市型運動組織と言えるだろう。

また、韓国は世界一のインターネット社会であると言われ、民主派関係者はウェブサイトを有効活用している。参与連帯でも、フェイスブック、ツイッター、韓国の国民的ＳＮＳである「カカオトーク」などのフォロワーは12万８６６５人だ。２０１４年段階では、４万１５００人だったから、大きく伸びている。

右が李泰鎬（イ・テホ）執行委員長、左が運営委員長の韓尚熙（ハン・サンヒ）建国大学教授

共同代表３人、運営委員（理事にあたる）98人、執行委員34人、協議会会員（代議員あるいは評議員にあたる）１４５人（以上は無償）、有給専従事務局員54人（２０１７年11月には58人）だ。そして、活動機構（プロジェクト）２１０、ボランティア活動家４４９人、青年ボランティア活動家35人と、活動力は高い。

活動は、司法監視、市民訴訟、内部告発支援、国会議員監視、人権擁護、生活保護（基礎生活保障）制度など社会福祉推進と多岐にわたる。『20周年冊子』による１９９４～２０１４年の累積データは次のとおりだ。

①訴訟３５７件、②立法に関する提案や請願５３３件、③政

府各機関への監査請求265件、④記者会見や公開討論会1955回、⑤声明発表・論評の公表5383回、⑥政策に関する報告書・定期刊行物・出版物の発行354件、⑦非暴力直接行動・1人デモ・集会多数、⑧講演会・市民教育382回、⑨青年ボランティア活動家育成学校の研修開催683回。

財政の状況と原則

収入は24億7961万5377ウォン（約2億5000万円）で、内訳は会費76・7%、寄付14・7%、事業収入3・9%、カフェ事業収入3・3%、利子・雑収入1・4%。会費（銀行引き落とし）は月額1万ウォンだが、3万～10万ウォンを納入する会員もいる。

支出は23億5658万3500ウォン（約2億3600万円）で、内訳は人件費68・4%（給与・福利厚生63・04%＋退職金5・4%）、事業・運営費22・3%（事業費17・7%、運営費4・6%）、その他経常経費7・1%（手数料3・2%、建物管理費・事務費1・6%、減価償却費1・6%、利子・雑損失費0・7%、法人税0・01%）、カフェ運営費1・3%（カフェの採算は約520万円の黒字）、寄付金・分担金0・9%。

財政に関しては「財政自立の原則」がある。

①参与連帯の誇りは人であり、人があくなき活動の源泉である。

②参与連帯は権力監視の団体として独立性を堅持するため、会費による財政自立を最優先の原則としており、1998年以降は政府の支援を受けていない。

③より安定的で多くの市民と共に活動するために、「会費など自主財源100%の財政」を目標とし、いままで歩んできた道をこれからも歩んでいく。厳しい財政のなかでやりくりをするのは決して簡単では

ないが、われわれには市民と会員という心強い支援者がいるから、怖いものはない。堅持してきた自主的財源調達の原則をこれからも固守する。

財政に関する内規第３条（財政原則）も紹介しておこう。

①会費優先の原則

参与連帯の運営における財源の根幹は、会員が自発的に支払う会費である。

②政府支援金拒否の原則

政府から支援を受けないことを原則とする。ただし、参与連帯が参加する他団体との連帯運動で、事業の公益性と自立性を阻害するおそれがないという判断が執行委員会で議決される場合は、例外とする。

③非依存の原則

参与連帯の公益性と独立性に影響を及ぼすと判断される個人・団体からの後援金は受けない。

主な部門

専従事務局員と会員は以下の部門で活動している。

- 司法監視センター――法治国家の番人となり、裁判所、検察、弁護士を監視する
- 「議政」監視センター――国会議員の政治活動をモニタリングし、監視する
- 行政監視センター――官公庁など公的部門での腐敗や権力濫用を監視する
- 公益通報センター――不正義に抵抗する公益通報者を支援する
- 公益法センター――公益訴訟で人権と民主主義を守る

・労働社会委員会――差別のない労働を実現するために、労働政策の代案を提示する
・「民生」希望本部――庶民が幸せに生きられる社会のために、社会福祉分野の代案を提示する
・社会福祉委員会――施しでなく、権利としての福祉をつくる
・経済金融センター――公正で民主的な経済秩序のために活動する
・租税財政改革センター――租税正義実現のために活動する
・国際連帯委員会――国境を越え、人権と民主主義のために連帯して活動する
・平和軍縮センター――朝鮮半島の平和のために非核軍縮運動を広げる
・アカデミーヌスティナム（ケヤキ）――個人や社会の問題を解決する力を育てる市民教育機関
・参与社会研究所――参画・民主社会のモデルの研究、代案政策づくりと公論化の活動を行う
・青年参与連帯――若者たちのより良い明日に向けて、自ら発言して社会問題に参加し、連帯する

また、72の国内連帯機構と7の国際連帯機構に加入している（2016年12月31日現在）。

・国内「常設」連帯機構（12）

参与自治地域運動連帯、市民社会団体運動連帯、最低賃金連帯、地域福祉運動団体ネットワーク、アジア平和と歴史教育連帯、6・15南北共同宣言（金大中・金正日）実践のための民族共同委員会南側委員会、民族民主労働烈士ホ・セウク精神継承事業会、市民社会団体連帯会議市民平和フォーラム、ソウル地域草の根市民社会団体ネットワーク、国際開発協力市民社会フォーラム（KoFID）、4月16日（セウォル号事故が起きた日）の約束国民連帯（416連帯）、日本軍性奴隷制問題解決のための正義記憶財団

・国際連帯機構（7）

自前のビルを持つ参与連帯。１階がカフェ、壁面には「社会を変える市民の力」と書かれ、セウォル号事故犠牲者を追悼する黄色いメッセージリボンが大きく掲げられている

アジア自由選挙ネットワーク、世界市民団体連合、フォーラムアジア、グローバルパートナーシップ、国際援助ネットワーク、アジア民主化運動連帯、国際人権連盟

生き生きと活動し、社会運動を牽引

これまで事務所を訪問し、運営委員長や事務局長をはじめ、事業担当者や経理担当者らと交流を続けてきた感想を記しておこう。

まず、組織が非常にしっかりとつくられている。総会、運営委員会、執行委員会という意思決定と執行の体制が整備され、運営委員は会員から選出されるというボトムアップ型が基本である。一方で、全国単一組織で、地域支部はない。分野ごとのセンターや委員会が活動している。

設立当初、「基礎生活保障法」制定運動や、１９９６年の「腐敗防止法」立法運動（２００１

年制定）を行った。その後２０００年の総選挙で展開した国会議員の落選運動で大きく注目される。落選リストに挙げた86人のうち59人が落選という画期的な成果をあげ、日本でも知られるようになった。

国会議員監視は、腐敗（食事・ゴルフ接待、花札賭博）、公職選挙法違反、過去の軍事政権への協力、セクハラ、脱税などについて、過去10年の報道、インターネット情報、情報公開請求、直接調査などによって議員ごとの状況を把握し、公表している。司法監視も活動の大きな柱で、事務所内に「民主主義の壁」というコーナー（レイアウト変更で現在はない）を開設・公開し、裁判官などの個別ファイルを作成して不公正判決を監視してきた。司法制度改革（捜査や起訴などに関する問題提起）、裁判所人事の批判、大法院（最高裁判所）への裁判官推薦も行う。

さらに、ＩＭＦ監視下での「財閥監視活動」（オーナーたちの不正蓄財の告発など）、クレジットカード破産者対策（利子制限法復活運動）、イラク派兵反対、科学技術監視、生命倫理法制定、非正規雇用対策などに取り組んできた。

韓国では、社会運動も労働運動も個別課題に対して「連帯」という横のネットワークを形成する場合が多い。参与連帯は国内課題だけで72の「連帯」に参加している。代表や運営委員長、さらには事務局長を担う場合から、緩やかな参加までさまざまだという。「連帯」の運動と組織をつくることで、協力して目的を達成しやすくなり、１９８０年代からの伝統的運動スタイルとして定着している。落選運動も同様で、４２１団体が「２０００年総選挙市民連帯」というネットワーク運動体を結成して進められた。

なお、「市民社会団体運動連帯」は市民運動全体をほぼ網羅する恒常的組織で、常設事務局がある。参与連帯のメンバーが代表と運営委員長を担い、政府のカウンターパートとして機能しているそうだ。

政党や労働運動との関係

どの政党とも特定の支持あるいは不支持の関係はない。ソウル市長選挙でも、初代代表だった朴元淳氏を組織としては支援しなかった。もちろん、個人として応援した会員はいる。主要運営委員については政党への参加を禁止し、実際、一時的に党から脱退するケースもある。

定款や内規には、「政治的独立の原則」が定められている。

「いかなる権力にも従属しない市民たちと一緒に活動する。われわれは、監視されないすべての権力は腐敗すると考える。市民参与をとおした日常的な監視のみが、腐敗を防止できる。あらゆる種類の権力を監視し、正義を貫くことこそが、参与連帯の使命である。この使命は参与連帯出身者が監視の対象になったからといって、揺らいだり変化するものではない。

権力監視の団体である参与連帯は、特定の政治勢力に従属せず、市民の独立性を維持することを使命とみなしている。参与連帯は、権力を監視する市民の目で自らの役割を果たす」

以下は、役員と専従者の政治活動のガイドラインである。

「共同代表や運営委員など主な役員と専従事務局員は、政党や候補者に対する支持宣言を行えない。主な役員と専従事務局員は、政党や候補者の選挙支援団体に参加できない」

参与連帯は、どのような社会運動を行っていくのか、民主社会実現のためには何が必要なのかという軸がしっかりしている。また、組織構成が会員民主主義を具体化しており、会員からの信頼度が高いのではないだろうか。さらに、市民による寄付という寄付文化が短期間で定着し、会費、寄付、事業収入という自立した財政構造のもとで、運動の主体性が担保されている。それが、若い世代が研究者や専従スタッフ

参与連帯のいまどきスタッフ事情

設立当初の専従事務局員は学生運動経験者が多く、その後も多数を占めていたが、最近は学生運動もほとんどなく、一般企業と同じ採用方法になってきた。その背景には、NGO がひとつの職業とみなされるようになったという変化もある。

現在の常勤スタッフ 58 人のうち、30 代が最も多く、20 代は 5 人だ。かつては「活動費」という名称で、労働者の平均給与水準より低かったが、いまは「賃金」となり、世間並みとまではいかなくとも、そこそこの額になったという。ただし、営利目的ではない NGO で、無償のボランティアとのバランスもあるから、「活動家」か「労働者」かという葛藤は引き続きある。それにしても、過去のように献身的に支えるというだけでは無理な時代になっている。労働組合もでき、労使交渉も行われる。30 代の女性スタッフに聞いた。

「大学を卒業して 3 年間、一般企業に勤務後、アフリカで NGO 活動に参加し、帰国後に大学院で勉強してから、参与連帯に入りました。国際連帯委員会と平和軍縮センターグループのチーム長をしています。

当初の目的は国際連帯のための仕事でしたが、参与連帯に入って勉強してから考えが変わりました。きっかけは、スリランカからの移住労働者に出会い、劣悪な環境で苦しんだ体験を聞いたことです。海外での開発協力ではなく、国内での移住労働者政策などの重要性を知ることができました。最近は、移住労働者、政府開発援助（ODA）、ミャンマーのロヒンギャのようなアジアの人権問題などで、講演会や討論会、声明の発表に力を入れています。海外での韓国企業のモニタリングや国際的な民衆連帯が重要だと思うようになりました。

満足感はあります。参与連帯は活動範囲が幅広く、声明やキャンペーンが政権・政治に影響を与えられるからです。チームはスタッフ 4 人だけで、やるべきことが多く、増員を希望しています。また、国際連帯だけでなく、参与連帯の活動全般への理解を深められました。きちんと勉強して 4 年が経ち、参与連帯活動者としての意識になったと思います。ですから、他部門へ異動してもいいです。

組織の人間関係やハラスメントについては、50 人以上の事業所なので法律に基づいて労使協議会が設置され、苦情処理委員会があります。労使双方の委員が苦情などに対応し、内部で自ら解決する努力をしてきました。とはいえ、会員とスタッフとの関係で難しいケースがあります。たとえば、会員が集まる場で飲んだときのセクハラなどです。会員はスポンサーであり、その会費で参与連帯は成り立っているわけですから、対応に苦慮する場合もあります」

になるという好循環にもつながっていると言える。なお、市民活動に寄付文化を定着させるのに貢献したのが、やはり朴氏らが設立した「美しい財団」(1)で、「1%分かち合い運動」を展開してきた。

個別課題だけの運動体ではなく、社会運動を牽引している運動体の存在を私たちがどう受けとめ、何を学んでいくかが問われている。

3 ユニークな希望製作所(The Hope Institute)

朴元淳市長が社会運動家時代に中心メンバーとなって、2006年3月27日に設立された。「市民と共に社会革新を実践する」「市民が自ら社会デザインの担い手になる」ことを目指し、市民が社会へ提案する、実践参画の促進を目的とする。多分野の政策課題について、批判や監視だけでは社会は変革できないとし、評価基準の確立と新たな代案づくりをポリシーとしている。「希望」を「製作」するという名前は、市民の生活のなかで生まれる「希望」の種から花を咲かせる、すなわち実現に結びつけることに由来する。

(1) 1999年5月に市民公益財団の設立を提案し、宗教界や市民社会団体、法曹界などで活動していた専門家らが参加して、2000年8月に財団法人として設立。韓国社会に誠実な寄付文化を広げること、かつて韓国にあったナヌム(分かち合い)文化を地域に根付かせて広げることを目的とし、多様なキャンペーンや事業を行っている。「1%分かち合い運動」は、給料や年金、小遣いなどから、少額で無理ない範囲で寄付することの象徴的表現。金銭だけでなく、才能、知識、経験も分かち合う。

参与連帯は政治の監視を主体とし、希望製作所は代案づくりを重視するという役割分担でスタートしたとされている。もっとも、現在はそれほど明確な分担があるとは言えないだろう。

企業や個人による会員制で、理事会のもとに専従者を置き、研究員（非常勤を含む）は46人だ（２０１４年10月現在）。主な活動は、政府への政策提言、人材育成、シニア層の社会参加、会員が気軽に集えるサークルやボランティア活動の場づくりなどである。会報は毎週、発行される。

収入は、設立当初が約25億ウォン（約2億５０００万円）で、２０１３年度は40億ウォン。13年度の内訳は寄付が43％、事業収入が57％。後者は委託研究費やイベント参加費など。研修制度のひとつとして、ファンドレイジングを体系的に学ぶ専門家コースがある。希望製作所自身がその専門家集団により運営されているため、一過性ではない継続的な寄付が効果的に集まる仕組みができているという。

壁面を活用し、会員拡大に力を入れている希望製作所。数字は会員数

寄付の種類が面白い。1万～3万ウォン（１０００～３０００円、６０００人）、10万ウォン（３００人）のほか、１０００万ウォンのコースがある。方法は、3年間に毎月でも一括でもかまわない。韓国語の「１００４（チョンサ）」は「天使」と同じ発音なので、１０００万ウォン会員は「天使会員」と呼ばれる。天

使会員は事務所内に顔写真や１０００万ウォン寄付のストーリーが掲示されるなど、特別会員として扱われる。芸能人やスポーツ選手会員との豪華ディナーや、ふつうは入場できない歴史的建造物見学といったオプションがある。

また、新規会員を「感謝の食卓」に招待する、サークル活動として登山やハイキングがあるなどユニークで、日本での活動のヒントになるだろう。(2)

日本でも２００７年に「日本希望製作所」が設立され、15年からＮＰＯ法人「希望の種」と名称を変え、活動が続けられている。ウェブサイトによれば、「活動の柱が大きく変化し、法人名称もそれに合わせて新しくしようと、今回の変更につながりました」という。

「日本希望製作所は設立当初より、若者たちの国籍を超えた交流会『希望の種を探そう』事業に取り組んできました。また、コリ・チーム（韓国と日本の市民活動を紹介する資料の翻訳、映像の翻訳字幕づくりなど、交流の担い手となる人たちの語学の力を伸ばしながらの日韓交流・社会貢献）を結成し活動してきました。インターンシップで日本希望製作所の活動に触れた人たちも少なくありません。日本希望製作所全体が活動範囲を縮小し、事業を見直すなか、『希望の種を探し』、『希望の種を育てる』活動に集中することで、日本希望製作所の役割を果たしていこうと考えるようになりました。」（２０１５年7月、希望の種 理事長 菅原敏夫）

（2）渡邉由紀子「希望製作所」『市民が見た韓国調査報告書～韓国の市民社会運動は、変革への希望を感じさせた～』希望のまち東京をつくる会、２０１０年、12～14ページ、参照。

❹ 普遍的福祉の実現を目指す福祉国家ソサエティ

福祉国家ソサエティは「福祉国家」の実現を目指すシンクタンクであり、運動団体である。

1997年に民主派勢力による政権交代が初めて実現して金大中政権が誕生し、2002年に盧武鉉政権へ引き継がれた。だが、基礎生活保障法や普遍的な無償教育など大統領の政策立案に関与したメンバーは、「政権に10年間参加して努力したが、韓国に十分な変化はなかった」と言う。そこで、持続的にセミナーや討論を行い、個別課題だけでなく、韓国の政治システム自体に介入することを主目的に、07年に設立した。当初の参加者は、学生運動を経て両政権に参加した活動家、行政経験者、研究者など92人。現在、活動に賛同する一般会員は約1000人に増え、インターネットは約9200人に配信している。

主な収入は会費(一般会員月額1万ウォン(1000円)、政策委員月額3万ウォン)で、国からの委託研究費を含めて外部からの財政的支援は受けない。国の財政的影響下での研究成果を「国民の誰が信頼するのか」と考えるからである。主な支出は少人数のスタッフ人件費と事務所家賃。経費を最小化するために、会員のネットワークを生かして共同研究を行っている。理念は次の3つ。

①福祉国家の実現

所得制限などを加える選別的福祉ではなく、すべての人びとを対象とする普遍的福祉を実現する。大財閥による輸出主導の重厚長大型産業依存の経済ではなく、内需拡大による福祉の実現を目指す。

②党派的中立性の維持

特定の政党を支持せず、中立を維持し、福祉国家を支持する政党や政治家と協力する。

③国民への共感を広げる

国民がどこに生活困難を感じているかを把握する。そして、「厳しい暮らしを解決し、不安を解消していくのが福祉国家だ」と訴え、怒りを改革への世論に高め、集会に組織する。その際、普遍的福祉とは何かを国民に説明し、単に「福祉の拡大」ではなく、北欧型の福祉国家を参考にしつつ、韓国式の制度の創出を目指す。最も重要なのは、国民が何を望んでいるかを分析して争点化し、運動への支持を得ることだ。実現可能な具体的政策を研究・提案し、関心を高め、国民・政治家・マスコミの共感を生み出す。

こうした理念を実現するために持続的に学習会などを行い、福祉国家の必要性を働きかけてきた。その結果、マスコミが福祉国家に共感して取り上げ、政治家も政策に採り入れるようになったという。

２０１０年３月には「福祉国家提案大会」を開催して政策を共有化し、続いて普遍的な無償給食の理論的裏付けを発表した。その後、京畿道のキム・サンゴン教育監(長)が無償給食を公約に掲げる。同年６月の統一自治体選挙では、無償給食を全員に(普遍的に)提供するのか、所得が少ない人だけを対象にするのかが、争点になった。福祉国家ソサエティは、無償給食が普遍的福祉の一部であると主張。11年10月のソウル市長選挙でも無償給食が最大の争点となる(14ページ参照)。

２０１１年10月３日の民主党全党大会では普遍的福祉が議題とされ、党の政策は大きく変わった。同年11月には、ハンナラ党の大統領候補・朴槿恵が党の政策を福祉充実へ変えるべきと主張し、福祉国家づくりを重視することになる。こうして、与党も野党も普遍的福祉を党の公約に掲げ、福祉国家が時代の要求となった。

２０１2年4月の国会議員選挙と12月の大統領選挙で福祉国家ソサエティは、生活が苦しい高齢者６１０万人のために、基礎年金を2倍とするように提案。与野党の有力候補はその提案を公約とした。あわせて、医療費の公的負担率を高めることも提案。野党は受け入れ、朴槿恵は4疾病に限定して無償化する政策を打ち出した。選挙に際しては福祉国家を考える広報を推進し、賛同した国会議員約60名で「福祉国家を考える議員の会」が組織された。

では、なぜ政治的影響力をもてたのだろうか。６つの理由が挙げられる。

①金大中・盧武鉉両政権で政権内外から提案した政策が実現し、政策立案力と実行力を高められた。
②国会議員の政策づくりを支援して、実力を認識させられた。
③政策を研究するだけでなく、国会議員と一緒に具体化作業を行った。
④具体的な政策を提案し、反対勢力と論争して勝つことで、マスコミが主張を掲載するようになった。
⑤欧米の団体の成果から学び、自らの力量を高める研究を進め、シンクタンクを体系化した。
⑥最も重要なのは、国民が何を望んでいるか分析し、争点化し、力にしてきたことである。

福祉国家ソサエティは、福祉国家化にとっての最重要課題は税制と財源と考えている。朴槿恵前大統領は「増税なき福祉」と言い、野党も税収について言及していない。だから国民は、与党も野党も福祉国家を実現できないだろうと判断している。国民は富裕層の税金を上げるべきだと言っているが、与野党はそれについても言及しない。

「韓国は欧米と条件が異なるが、公正な税制と能力に見合った徴収が真の福祉国家を実現する政策として国民の支持を得ていくだろう。税収を社会サービスに振り分け、雇用を増やす必要がある」(3)

5 選挙のあり方を変えたマニフェスト実践本部

マニフェスト実践本部については、第1章で紹介した（25〜33ページ参照）。ここでは、そこで触れられなかった点を補足しておきたい。

マニフェスト運動の成果で、大統領が「公約家計簿」（財政計画を含めた選挙公約書）を公表するようになった。公約実現にかかる予算もあわせて記載しなければならないので、国民が公約に関する議論を活発化できる。保守系大統領は公約家計簿の導入を嫌ったが、マスコミが世論に働きかけて導入させた。自治体首長にも１００％提出させている。提出の有無と内容が正しいかどうかは、大学生と専門家が協力してチェックする。公約は国民との契約だから、国民が直接見られるように、マニフェスト実践本部のホームページで公開している。

以下は、２０１７年7月に本部を訪問した際の李光在（イ・グァンジェ）事務局長へのヒアリングに基づく記述である。

「朴槿恵前大統領の公約には、文化事業の育成は大きく取り上げられていませんでしたが、李明博元大統領からの引き継ぎ委員会の過程で、崔順実（チェ・スンシル）の介入によって、重視されました。政権（国務）会議で文化事業育成が最初の大きな取り組みということで議論になったとき、公約になかったのだか

（３）猪俣正「福祉国家ソサエティ」『市民が見た韓国調査報告書』９〜11ページ、参照。

2014年統一地方選挙のキャンペーンに使用したキャラクターと5大約束を説明する李光在事務局長

ら、いわゆる『黒い勢力』との癒着を疑い、私たちは批判すべきだったと思います。ところが、一般論として『文化活動に力を入れるのは良いことではないか』という間違った判断を下してしまいました。崔順実の国政介入に関して、私たちマニフェスト実践本部は公約違反であると指摘できなかったのです」

この反省から、2017年5月の大統領選挙では、文在寅大統領の政権引き継ぎ過程をしっかり監視していくことにしたという(4)。この選挙は通常の任期満了選挙ではないため準備期間が短かったが、公約を国民に早く提示し、国民が判断できる財政計画書の提出を求めたのだ。

そして、マニフェスト実践本部だけではなく、国民が公約を評価して議論する機会の提供に力を入れた。主要候補に対して質問書を送り、すべての候補者が答えたという。マスコミも積極的に取り上げ、発表は少し遅れたものの、実現可能性についての社会的議論を起こすことができたから成功だったと、実践本部では考えている。

大統領から地方自治体議員の公約までを公開するオンラインサイト「公約情報センター」を、一般市民が頻繁に活用するわけではない。しかし、サイトで公表しているという事実だけで、政治家に対しては圧力になる。公約の作成、公表、実施、評価という政治スタイルが、定着化しつつある。

これまで選挙公約書は、選挙管理委員会の保存書庫の中で眠っていた。マニフェスト実践本部がそれらを取り出して分析し、データ化し、公表した功績は大きい。選挙公約書は国民と候補者の間の契約である。保存されているだけでは意味がない。なお、すでに述べたように、選挙管理委員会も選挙公約書をサイトで公開している。両者の違いは、実践本部が大統領や自治体首長の公約について執行状況をチェックするために1年ごとに点検し、進捗度合も公開している点だ。

本章で紹介した以外にも、私は多くの市民社会団体や労働シンクタンクを訪問し、交流してきた。各団体に共通するのは、人材の層の厚さと奥行きの深さだ。その理由は、１９８０年代の民主化運動へ参加し、96年から2代続いた民主派政権の内外で政権を担ったり支えたりする過程で、社会運動家や学者、研究者が育ったことだろう。２００７年以降の保守派政権でも、彼らの基本理念はぶれず、運動と組織を自主財源でまかなう工夫と努力を積み重ねてきた。その継続がソウル市政の改革とキャンドル市民革命の成功を生み出した、と私は考えている。

（４）治田学ほか「マニフェストと民主主義――マニフェスト実践本部」『韓国の特区・労働政策等調査報告書２０１７』市民と議員による韓国政策調査の会、２０１７年、２ページ、参照。

第8章 〈対談〉リベラルにソーシャルの視点を——貧困と格差を是正するために

大内 裕和・白石 孝

❶ グローバル資本主義への対抗軸を示すソウル市政

白石 大内さんには、ご自身が中心となって行ってきた奨学金運動から見えてきたことを踏まえ、とくにグローバル資本主義と欧米の状況、そして日本の社会運動の振り返りと展望について触れていただきたいと、この対談を企画しました。

大内 そうですね。1980～90年代以降のグローバル資本主義の動きに、日本の労働運動や社会運動の対応は出遅れたと思います。グローバル資本主義による社会の構造的変容、具体的には労働分野の規制緩和や非正規雇用の急増、所得税や法人税減税による再分配機能の低下などに十分に対抗できなかったから、格差社会が深刻化したのです。

韓国で1998年に誕生した金大中政権は、軍事政権を打倒して以来の民主化や市民参加の進展という大きな意義はあったのですが、金融危機に伴うIMFによる管理体制には従い、経済分野では新自由主義路線を踏襲しました。その点で、新自由主義グローバリズムに対抗できたとは言えません。ただし、ＩＭＦ路線の弊害に抗する参与連帯など社会運動が立ち上がり、福祉国家政策の端緒が生み出された時期でもありました。

世界的には、１９８０年代が新自由主義に大きく舵を切った時期です。イギリスのサッチャー政権、アメリカのレーガン政権、日本の中曽根政権（土光臨調）が重要な転換点となりました。

白石　そうですね、１９８０年代がポイントですね。

大内　グローバル資本主義のもとで何が対抗軸になるかが、日本社会ではいまひとつクリアになっていません。現在のソウル市政は、グローバル資本主義への対抗軸を明確に示しています。朴元淳市長が言う「市民」は、一定の経済的豊かさをもつ市民というよりは、「所得保障と社会保障」の組み合わせによって権利を行使する市民です。日本の市民運動で想定されがちな「市民」のイメージとはだいぶ違います。

白石　さすがに大内さんですね。ソウル市の取り組みに私が着目したのは、２０１２年の後半くらいでした。公共部門の非正規労働者を正規職化するというので、私のテーマと重なるからソウルへ行ったのです。やがて、それにとどまらず、市長が目指している全容が見えてきました。

インタビュー（２０１７年11月29日、第６章参照）で、市長に２つ聞いた。ひとつは、本来国の政策である労働政策をなぜソウル市が行ったのか？

答えは単純明快で、「ソウル市に住む１０００万人のうち、働いている人とその家族で７００万人います」。だから、これは狭い意味での労働者のためではなく、ソウル市民のための政策なんです。もうひとつは、韓国の漢字表現でいうと「脆弱労働者」に関する対策について。すると、「それが行政としての役割なのです」とおっしゃる。障がい者、高齢者、女性、青年労働者、外国人移住労働者という５つの分野に取り組んでいます。

公共賃貸住宅政策はその典型で、一軒家を買って住むのは自前に任せ、ソウル市は住宅に困窮している市民のための住宅政策を行う。

大内　その点が大切です。日本の市民運動の場合、終身雇用と年功序列型賃金を特徴とする日本型雇用による「一定の豊かさ」が前提となっている。だから、平和や環境には敏感だけれども、住宅問題を解決するための公営住宅の増設や家賃補助の導入に十分な関心がもたれていない。福祉政策について一定の成果があった革新自治体の経験は、高度経済成長を背景としています。１９８０年代以降の「格差と貧困」の深刻化という変化を踏まえないと、その経験を生かすことが難しい。

グローバル資本主義に対抗するためには、従来型の市民運動や労働運動には大きな限界があると思います。市民運動や労働運動をどのようにリニューアルしていくかを真剣に構想する必要があるし、その時期に来ています。

2 税制への関心が希薄な戦後の革新運動

白石　では、大内さんが奨学金問題に取り組んできた思いや目的を聞かせていただけますか。

大内　２０１３年3月31日に「奨学金問題対策全国会議」を結成して以来、私は奨学金問題に取り組んでいます。その際、奨学金問題を解決するだけでなく、日本の社会運動がもつ限界を突破できる可能性を意識して運動を進めてきました。日本ではなぜ、大学の学費の値上がりに対して十分な反対運動が行われないのか。高い学費に学生たちが苦しんでいるのに、そのことに社会運動までもあまり敏感ではないのは、なぜなのか。

とくに、これまでの運動が日本型雇用を前提にしていることの問題性を強く感じてきました。１９９５年に日経連（日本経営者団体連盟、現在は経団連（日本経済団体連合会）の「新時代の『日本的経営』」が出されて以降、日本型雇用の解体が進み、非正規雇用労働者の急増に加えて、「名ばかり正規」や「義務だけ正規」と呼ばれる周辺的正規労働者が増加しました。たとえば、総務省の「就業構造基本調査」によれば、30〜34歳の正規雇用の男性で年収３００万円未満という低処遇労働者が、97年の９・６％から２０１２年には20・６％へ増加しています。日本型雇用によって支えられている人は少数派になっているにもかかわらず、そのことが十分に認識されていない状況をどうやって変えていくのかを強く意識してきました。

もうひとつは、２０００年代以降の反貧困運動の成果と限界です。反貧困運動は貧困層の「発見」「可視化」には成功しました。しかし、貧困の是正は容易ではありません。さまざまな理由がありますが、支配層による貧困層と中間層の分断支配が大きな障壁となっています。

貧困を解決するためには、分断支配をいかに打破するかが大切です。その際、貧困層の増加とともに、急速に進行している「中間層の解体」を的確に捉え、社会に訴えることが重要だと考えました。とりわけ、大学進学費用の負担が重く、在学中に利用した奨学金の返済に苦しむ若者が急増していることは、「中間層の解体」を知ってもらうための格好のテーマです。

白石　取り組みの結果は、どういうふうに見ていますか？

大内　２０１７年度から、私立大学の自宅外通学生（住民税非課税世帯）または社会的養護を必要とする学生に限定して給付型奨学金制度が導入され、18年度からは国公立大学や自宅通学生を含めて本格実施されます。対象人数や額は不十分ですが、ほとんど問題として意識されず、話題にもなっていなかった給付型奨学金が、奨学金問題対策全国会議が結成されてから5年も経たないうちに法制化され予算が付けられたのは、画期的です。

奨学金問題への社会的関心は、短期間に大きく広がりました。安倍政権は給付型奨学金に当初は積極的ではありませんでしたから、社会的関心と運動の広がりによって一定の譲歩を強いられたということでしょう。

白石　奨学金以外の分野で、同様に一定の世論化ができ、なおかつ政策にまで反映させられたものは、思い当たりますか？　社会保障全般では、生活保護基準の切り下げが出てきたり、ますますひどくなっています。

大内　２０１０年代以降、一般市民の声を集めて世論形成を行い、政権の政策をこれほど明確に動かすことができたものは、他にはないと思います。幼児教育や女性政策など、運動側の主張を政府与党が部分的に「つまみ食い」したケースはあるものの、全体としては安倍政権の進める新自由主義グローバリズムに押しまくられている状況ですから。

白石　そうですね。２０１８年の政府与党の「税制改正の大綱」を見ても微妙ですよね（笑）。まったく無視はしていないけれども、結局は富裕層や大企業の被害をどう食い止めるかという感じが見えますね。

大内　安倍政権の基本は新自由主義政策です。それを配慮なく一気に推し進めると、多大な軋轢を生み出したり不安定要因となったりするので、女性活用、保育の充実、教育費の部分的無償化など、批判派の主張の「つまみ食い」をかなり意識的に行っています。でも、根本的路線は変えません。たとえば、高等教育の無償化は住民税非課税世帯限定です。住民税非課税世帯出身の大学等進学者数は約6万人ですから、多くの学生は対象とはならないのに、それを「無償化の実現」と宣伝しています。それに対して安倍政権批判派の側が、うまい対抗軸を出せていないのです。

それは歴史的にも原因があります。戦後日本の革新政党は、税制を中心的な争点にしてきませんでした。１９６０年の三池闘争敗北以後、民間企業の労働組合の多くが労使協調路線を選択。高度経済成長期であったことも影響して、それらの組合は賃金上昇による可処分所得の増加に重点を置き、税制による教育や住宅などの脱商品化（＝無償化）には強い関心をもちませんでした。民間企業の労働組合と違って一定の戦闘性を維持した公共部門の労働組合においても、賃金上昇による可処分所得の増加を目指すという点については、民間企業の労働組合と大差はありません。ですから、労働組合とそれに支えられた革新政党は、誰でもアクセスできる普遍的福祉へ向けての脱商品化について十分な取り組みを行いませんでした。

市民運動においても、１９９０年代までは「一億総中流」社会と呼ばれるほど中間層が分厚かったこともあって、平和問題や環境保護、情報公開問題などへの取り組みが中心です。自らの生活基盤そのものを税制によって支えるにはどうしたらよいのかという関心は希薄だったと思います。

だから、「つまみ食い」型の安倍予算について、部分的にこれはおかしいとは言えても、所得の再配分にならないのだから総体としてはまったくダメだと言い切れない弱さが革新側にあるように思います。

政府による所得再分配の前と後で、貧困率がどれくらい下がったかを示す「貧困削減率」という指標があります。経済協力開発機構（ＯＥＣＤ）の２００９年データから経済学者の大沢真理が行った分析では、各国は再分配後に貧困率を20～80％削減している。オーストラリアやスウェーデンなどは貧困削減率が高く、メキシコやポルトガルなどは貧困削減率が低い。そして、日本だけが唯一、共働き世帯やひとり親世帯で、貧困率を８％

増加させています。日本は、政府による所得の再分配がまったく機能していません。しかも、これに対する鋭い批判が行われていません。賃上げ中心の春闘や憲法9条を生かす平和運動に比べて、税制の決定的重要性を革新側が認識していないからでしょう。ここが安倍政権の「つまみ食い」政策に対抗できていないポイントです。

給付型奨学金を大幅に拡充しようとすれば、いかなる税制によってその財源を確保するのかという問題に必ず直面します。私自身は奨学金制度と税制とを関連づけた講演を行いますが、奨学金制度の批判には反応が良い聴衆の皆さんも、税制の話題になると突然、表情が硬くこわばります（笑）。ですから、「市民の民主主義」を進めていくために、人びとの税制に対する理解を高めていくことは、運動側の重要な課題ですね。税制についての議論が深まらなければ、それをめぐる政治の実践はできませんから。

防衛費予算への反対や無駄な公共事業に税金を使うことへの批判はあるのですが、税金の集め方と配分の仕方が社会構造全体にいかなる影響を与えるか、あるいは税制を変えることによって社会をどう変えていくかという議論が不十分なのです。公正で平等な社会を構築するためには、応能負担の税制によって普遍的福祉を進めていくことが重要であるという認識を、戦後革新は共有できず、その弱点は現在でも克服されていません。そうすると、安倍政権側から教育や保育領域での部分的無償化や選別的福祉の政策が出された場合、革新側がそれを的確に批判せず、「所得に応じて福祉サービスの額を変えるほうが平等」と、むしろ受け入れてしまう状況が生まれます。

白石　大括りにして、増税にはすべて反対という運動しかやってこなかったですね。だから、民主主義国家の基本は税ということが意識されていません。

大内　戦後日本の革新政党である社会党や日本共産党は、歴史的にもソ連や中国をはじめとする東側諸国との関係が密接で、それは党の政策にも大きな影響を与えていました。福祉国家を実現した西側のヨーロッパ諸国の労働者政党・社会民主主義政党との関係は弱く、ヨーロッパ型の普遍的福祉を実現する政策への関心が低かったことも影響していると思います。

それに加えて、繰り返しになりますが、日本型雇用に基づく終身雇用と年功序列型賃金によって、応能負担の税制と普遍的福祉政策を実施しなくても、1980年代あたりまでは中間層が増加し続けたことが影響しています。普遍的福祉という考え方の不十分さばかりでなく、それがなくても中間層が形成できたという「経験」がある。その重要性になかなか気がつかない理由は、根が深いのではないかと見ています。

白石　相当深い。身体に染み付いてますね。

大内　そうですね（笑）。戦後の革新運動の多くも、高度経済成長との関係で成立していたことを冷静に振り返るべきだと思います。戦後革新が福祉政策を一定程度推し進めたのは、1960～70年代の革新自治体です。ここでは、公営住宅の増設、医療費や教育費負担の軽減など、国レベル以上の福祉政策を実現しました。しかし、この時期は戦後高度経済成長の真っただ中ですから、富の配分のあり方そのものを変えるというよりも、経済全体のパイが膨らむなかで、「成長の果実」の一部を福祉にも配分したというのが実態でしょう。

高度経済成長が終わった後の1970年代後半に入ると、革新自治体の多くが敗北し、自民党を中心とする保守・中道の自治体へと移行しました。その理由のひとつは、経済成長率が低下し、福祉への十分な配分が難しくなったことにあるでしょう。「成長の果実」の一部を福祉に配分するという政策が行き詰まりを迎え、その点を保守・中道側から突かれました。

3 民主党政権の政策的矛盾

大内　２００９年の民主党政権成立後に「事業仕分け」が注目され、世論も全体としては肯定的に受け止めました。一方で、「生活が第一」を掲げて政権を奪ったにもかかわらず、「格差と貧困」の是正は十分にはなされませんでした。自民党政権は戦後、長期にわたって公共事業に多額の予算を使い、地域開発と大衆統合を行い、それは「土建屋」政治や「談合」といった問題も生み出しました。革新側の野党は、そうした保守政治のあり方を税金の「バラマキ」政治と批判してきました。でも、１９８０年代に登場した中曽根政権以降、自民党の基本政策は「小さな政府」や民営化に移行したので、革新側の「バラマキ」政治批判や「行政の肥大化」批判では、的がはずれてしまい、根底的な批判にはなりません。

世界的にもサッチャーとレーガンの登場以降は、規制緩和と民営化を特徴とする新自由主義政策が推進されていきました。１９９０年代に入ると、アメリカでは共和党から民主党へ、イギリスでは保守党から労働党への政権交替が行われます。クリントン政権やブレア政権は「第三の道」路線をとり、70年代までの再配分政策や福祉国家政策を転換しました。移民政策や女性の社会参加など多元的価値を重視する点では保守政権と異なるものの、経済政策ではどちらも市場原理を重視し、多くの点で80年代の保守政権が実施した新自由主義を継承したのです。グローバル資本主義の論理を受け入れていますから、政権交替後も貧困化や中間層の解体は止まりません。

日本の民主党による政権交替の背景にも貧困問題の浮上があったのですが、政権内に「小さな政府」志向の議員を多くかかえていたこともあって、子ども手当や高校授業料無償化などが提起されたものの場当たり的で、税制をとおした再配分政策の推進による社会の平等化や公正化は進みませんでした。「小さな政府」志向と、子ども手当や高校授業料無償化という普遍的福祉とは矛盾するので、有権者の信頼を失ってしまったのです。１９８０年代以降、革新勢力の側がグローバル資本主義に適合させられるところに追い込まれていったのは、アメリカ、イギリス、日本に共通する現象だったことがわかります。

１９９０年代以降に左派やリベラル側が政権をとっても、社会の貧困化や中間層の解体が進行しますから、排外主義が広がり、極右の政治勢力が台頭することになります。アメリカにおける共和党政権、イギリスにおける保守党政権、日本における安倍政権の復帰は、そのことをよく示しています。そこには、グローバル資本主義のインパクトと、それに有効な批判ができなかった左派・リベラル派の思想と運動が影響しているのです。

白石さんから韓国の話を聞いていると、グローバル資本主義によって貧困層の増加と中間層の解体が進み、多くの人びとの生活が立ち行かなくなっている。とくに、経済成長によっては貧困層の増加と中間層の解体を食い止められないという問題意識があり、それに対応した民主主義や社会保障のあり方が実験されていることがわかります。しかし、日本ではそれがなかなかできていません。

白石　韓国は１９９７年に国家経済危機になり、膨大な借款をかかえてＩＭＦの管理下に置かれます。その後２００８年から再び保守政権になり、新自由主義がさらに進みました。でも、その間に民主派、進歩派がめげないで、たとえば福祉国家ソサエティのようなＮＧＯをつくり、福祉国家のあり方とは何かなどを在野で積み上げていきました。それが朴元淳市政や文在寅政権に反映されつつあると思います。

それと比べて、２００９年の日本の民主党政権では、子ども手当や高校授業料無償化などはよかったけれど、それらは部分的政策、ひとつの政策選択としか捉えられていませんでした。主要な政策で「社会保障と税の一体改革」がありましたが、税制の根幹である累進課税や大企業の法人税と源泉分離課税に総合的に踏み込んでいない。給付付き税額控除など給付と控除に偏重した政策提起で、税制議論は限定的になってしまいました。

そのうえ、課税、徴税、つまり税の徴税実務の徹底化というレベルで、手段としてのマイナンバー制度が唐突に提案され、ますます税制のあり方の本質論議から遠ざかった感があります。税制改革そのものに踏み込む発想がないから、基本政策で一致してない政党にあって、なおさら政策議論が迷走状態になったのではないかと見ています。

大内　税制によってどういう社会をつくるかという全体像が描けていないので、部分的に繕う策しか出てきませんでしたね。終身雇用と年功序列型賃金を特徴とする日本型雇用が解体した状況で、応能負担の税制によって普遍的福祉を構築しなければ、多くの人びとの生活が立ち行かなくなることは明白です。ところが、そのことがいまだに共通認識となっていません。

日本では右派と左派とは、憲法９条を含む安全保障政策で区別する考え方が現在でも主流を占めています。しかし、安全保障政策と同様に重要なのは、経済政策において新自由主義を選ぶのか社会民主主義を選ぶのかです。小さな政府で市場経済を重視するのか、応能負担税制によって社会保障を重視するのかは大きな対立であるにもかかわらず、日本の政治ではその対立軸が明確になっていません。

２０１７年の民進党分裂は改憲か護憲かをめぐ

って起きていますが、私はそれだけではダメだと思う。極右に対して「リベラル」や「中道」を掲げる立憲民主党が新自由主義批判を明確化できるかがポイントだと思います。

韓国の政治を見ていても、「リベラル」とは異なる「ソーシャル」という視点が重要です。「リベラル」とは自由主義ですから、市場への規制や税制による「格差と貧困」の是正という考え方は本来ありません。それに対して「格差と貧困」を税配分と社会保障によって是正する「ソーシャル」を強く打ち出せるかどうかがカギです。「ソーシャル」の視点がない市民主義は、上層と中流上層の市民限定の民主主義になってしまう。

ここまで市民生活・住民生活が危機状況になっているなかで、たとえば革新系の公共部門労働組合が貧困問題や住民の生活課題に十分に取り組むことなしに、護憲運動や反戦平和運動を行えば、「公務員バッシング」の材料を、日本維新の会をはじめとする極右勢力に提供することになるでしょう。「納税者」の多くが雇用・結婚・子育て・住宅問題に苦しんでいるのですから、公共部門労働組合はその解決の先頭に立たなければいけません。それがなければ、公務員は「恵まれている」という右派からの攻撃をはね返すことは困難でしょう。

「恵まれた」公務員による護憲運動や反戦平和運動という「レッテル」が広がれば、護憲運動や反戦平和運動にまでマイナスとなります。数十年もの間、右派による「公務員」と「納税者」とを分断する攻撃が続いているのですから、分断を許さない戦略と行動が必要であることは明らかです。その点からも、貧困問題の解決につながる税制や社会保障をめぐる闘いは重要なのです。世界的には税制や社会保障をめぐる闘いが右派と左派の主要な対立軸になっているにもかかわらず、日本では現在でも憲法９条と平和に関するテーマが中心となっていることに、現代日本の貧困の深刻化を考えると大きなズレを感じます。

4 サンダースとコービンの登場

白石　アメリカやイギリスはじめ欧米での動きが、日本にはなかなか正確に伝わってきません。イギリスのＥＵ離脱や難民問題をめぐる右派の台頭は断片的に報道されますが、反緊縮運動などはほとんど伝わっていません。

大内　２０１０年代に入ってから、左派の新しい潮流が明確に見えてきました。ポイントはグローバル資本主義のなかでどうやって市民の生活再建、あるいは民主主義の再生を実現するかです。多くの動きがありますが、最も注目されるのがアメリカのバーニー・サンダースと、イギリスのジェレミー・コービンの登場だと思います。

サンダースは無所属議員として長いキャリアを継続してきました。２０１６年に民主党に入党してすぐに大統領選挙の予備選挙に立候補し、あれだけのブームを引き起こしたのは驚くべきことです。サンダースは民主社会主義者を自認しています。社会主義という言葉がタブーであったこれまでのアメリカの政治文化を考えれば、サンダースの躍進が大きな政治的転換を意味していることは明らかです。

サンダースの躍進には、オキュパイ・ウォール・ストリート、最低賃金を時給15ドルに引き上げる運動(Fight for $15)、スーパーマーケットのウォルマートやマクドナルドなどへの抗議などでテーマとなった生活賃金(リビング・ウェイジ)運動などが、その背景にあります。サンダースは予備選挙に負けたものの、ニューヨーク州では２０１７年に州内の公立大学授業料が無償となり、彼の主張は実現しました。

１９８０年代のレーガン政権以降、所得税と法人税の減税など新自由主義政策の推進によってアメリカ社会では不平等化が急速に進みました。現在のアメリカの富の不均衡は世界恐慌時と同程度まで広がっているというデータも出ています。１９３０年代のニューディール政策以降の平等化の成果をほぼ使い果たしたといったところでしょう。サンダースがニューディール政策を参照することが多いのも、納得がいくところです。ヒラリー・クリントンとの予備選挙での明確な違いは、応援している人の世代です（笑）。サンダースの演説の周囲にいるのは若年層ばかり、ヒラリーの周囲は中・高年世代が圧倒的に多かった。そこにはアメリカ社会における若年層の急速な貧困化が影響しています。

イギリスのコービンが当初は泡沫候補扱いされていたにもかかわらず、労働党の党首選に勝利した原動力も、若年層の支持でした。「第三の道」のブレア路線を批判した急進左派の主張（公共事業や鉄道の再国有化、大学授業料の軽減、企業の税金逃れの取り締まり強化）が支持されたのです。イギリスでもアメリカ同様、若年層がまともに働いても生活できないという問題がリアルになっています。ケン・ローチ監督の映画『１９４５年の精神』でも描かれているように、戦後のイギリスでＮＨＳ（国民保健サービス）の実施など福祉国家建設を推進したアトリー労働党内閣の政策が若年層に注目されていることが、コービン支持の背景にあります。

グローバル資本主義下で雇用が不安定になるなかで、最低賃金の上昇、教育や住宅などの脱商品化が若年層にとって切実な課題として浮上してきました。トマ・ピケティが『21世紀の資本』で論じたように、１９３０～75年の例外時期を除いて、資本収益率（ｒ）は経済成長率（ｇ）を上回り、ｒ＞ｇとなっているのですから、何も対策を打たなければ富の不均衡は拡大し、貧困層の増加や中間層の解体は止まりません。ですから、グローバル資本への課税を含めた再分配政策が重要となります。新自由主義の先進国であったアメリカとイギリスにおける急進左派の台頭に加えて、スペインのポデモス、ギリシャの急進左派連合など、新自由主義による緊縮に対して「反緊縮」の動きが広がっています。グローバル資本主義に対抗する、新たな社会民主主義と位置づけるのが正しいでしょう。

5 若者の状況に鈍感な日本の運動

白石　一般的に政治や労働組合はじめ革新運動に対して期待感がない日本の若者が何をするかというと、自分ひとりが努力して上へ上がっていく。たとえば、正社員や数百万円の年収を得ることを目標にする傾向が強まっていると感じています。だからこそ、社会運動に加わって社会全体の制度的な改善を目指す、たとえば最低賃金引き上げとか生活できる賃金制度の導入とか、保育や住宅や教育に関してすべての人を対象にした普遍的福祉を進める運動へ参加するといった道筋を示すことが求められている。それが貧困からの脱出につながっていくことを感じてほしい。

英米の若者も韓国の若者も政治に参加しているのに、日本ではそうなっていません。こうした社会運動の相違を私たち自身がきちんと振り返り、変えていくことが大切だと思うのです。

大内　これまでの革新系の運動は、若者への明確なメッセージを出していません。だから、旧来型のシステムのなかで何とか生き残ろうと考える選択肢しかないのです。ブラック企業とかブラックバイトへの批判、あるいは最低賃金の上昇、ハウジング・プア問題など、さまざまな領域から批判の声は出ています。しかし、それが個別の運動にとどまっていて、税制を含めた社会構造全体の転換を促す動きにはつながっていません。新自由主義批判の世界の動きと関連づければ、それらの個別の運動をつなげる結集軸が見えてきます。そうすれば社会運動をリニューアルできる可能性が出てきます。

白石　日本の社会運動にとって、大きな転換点に来ている。

大内　そのとおりですね。サンダースは民衆に向かって、「富を収奪しているのはウォール・ストリートだ」と明言しています。グローバル資本主義によって富が集中している状況を明示することが何よりも重要なのに、日本では租税回避を行っているパナマ文書やパラダイス文書の報道さえ十分に行われていません。これでは富の集中がひとつのトピックにとどまってしまい、現代の根本的問題であるという認識は広がらないと思います。

　これだけ教育費や住宅費が高く、労働市場での女性差別が深刻ですから、シングルマザーの子どもが将来を切り開くことはとても困難です。生まれによって人生が決まってしまうという根本的不公正が存在しているのに、それを不当だという批判が十分に行われていません。奨学金問題への鈍感さも根は同じです。社会の不公正を是正するためには、税制のあり方と社会保障の転換が決定的に重要であるという認識を、人びとに伝える工夫が重要です。

　教育や住宅の問題は見えやすいので、こうしたテーマへの入り方としては最適だと思います。このあたりから始めて、自分で何とかするとか、自分よりちょっと条件の良い人たちを叩くという状況を抜け出していくべきでしょう。

白石　アマゾンはじめ、スマホや携帯ではソフトバンクやａｕやドコモを、便利だからと言って多くの人が利用しています。月額使用料がけっこうかかっていますよね。そして、孫正義などが世界長者番付に入る。彼の資産額は212億ドル(約2兆1200億円)です。なけなしのなかで高額使用料を払った結果、大企業や資産家がさらに太っていきます。でも、「だったら、ちゃんと税金を払え」とはならないわけです。「スマホは便利だね、ないと困るね」で終わってしまう。

大内　そうですね。1980年代以降の民営化や規制緩和によって、消費者の利便性を第一と考える過剰サービス社会がつくられました。他国と比較して、日本が過剰サービス社会であることは明らかでしょう。消費者への「サービス重視」という考えから、労働者の権利や公共部門のあり方が激しく攻撃されます。主権者としてではなく、消費やサービスの受け手として社会を捉える発想が優勢となってしまいました。権利の実現よりも消費者のサービス要求に応えるかどうかで、政治や社会の問題が議論される。メディアも資本主義の寵児であるホリエモンを、消費者の要求に応えるスターのように報道します。

ピケティであれば、彼のような存在も「個人の能力」によるスターではなく、「生まれ」や「環境」に恵まれた特権階級として論じるでしょう。こうしたグローバル資本主義と過剰サービス社会に批判的に向き合うためには、それを捉える適切な解釈枠組みという「媒介」が必要だと思います。ヨーロッパ、アメリカ、韓国では、グローバル資本主義が富の過剰な集中を行い、貧困層の増加や中間層の解体をもたらしているという説明が、一定の影響力をもっていると思います。日本では、それがメディアで十分に行われていません。それではサービスの利便性を相対化できません。

たとえ過剰サービスが消費者の「欲求」を満たしたとしても、その「欲求」自体が資本によって生み出され、コントロールされたものであり、最終的には資本の利益につながっています。その構造が認識されれば、利便性に吸引されがちな意識を相対化することも可能でしょう。

白石　だから、ホリエモンが「生活保護家庭に大学への進学支援金なんてけしからん」と言っても、何の批判もされない。

大内　ホリエモンの「保育士の給与が低いのは誰にでもできる仕事だから」という発言が、無批判に取り上げられました。それは、グローバル資本主義の寵児をもてはやすメディアの風潮を露骨に示しています。対抗する側は、あのような報道を明確に批判しないとダメですね。

白石　アマゾンジャパンとかアップルジャパンに、「まともな法人税払え！」っていうデモンストレーションをかけないの？」と言うと、みんな「え？」っていう顔するんですよ。「あなたたち、国会に行って安保法制反対ってやったでしょ。じゃあ、なんでこっちやらないいんですか？」って。想定外なんですね（笑）。

反貧困運動で、経団連ビルに行って、「派遣を切るな」行動をやったことがあります。宣伝カーを経団連ビルの向かい側の路上に停めて、300人くらいでアピールしました。最近では、最低賃金1500円キャンペーンで、マクドナルドなどの店舗前で、着ぐるみ着てやっていますよね。日本では、企業相手はその程度です。それも、大集会や大行動にはならない。「関係者中心の、ひとつの分野の運動」といった感じで、関心が低いですね。

大内　これまで議論してきた、税制への関心の低さのツケが表れていますね。また、人材派遣会社パソナの取締役会長である竹中平蔵が、産業競争力会議などの政府の審議会に入って派遣の規制緩和を進め、不安定雇用を拡大しながら莫大な利益を得ている。こうしたことに対して、安保法制への反対のように強い批判がなされないのは、やはり鈍感さゆえなんですね。

多くの若い人たちにとって、働き方や税制のあり方は「生き死に」に関わっているのに、そうした意識が運動側に希薄だと思います。平和憲法や安保法制といったテーマについて、「若い人たちの多くが人間の命に関わる重要なテーマに鈍感だ」という意見を中・高年の方からしばしば聞きますが、非正規の働き方やブラック企業、税制、奨学金など若者の「生き死に」に関わる問題への敏感さが十分でなければ、若い人たちを鈍感と言ってはいけないでしょう。「鈍感なのはいったいどっちですか?」と言われてしまう気がします。

白石　韓国では、「大財閥の三星（サムスン）が朴槿恵大統領とつながっている」「崔順実（チェ・スンシル）の娘が梨花女子大に不正入学した」という報道で、市民に火がつきました。それは象徴的な例じゃないですか。韓国市民の怒りがストレートに出たわけです。その怒りが、一番の本丸である特権階級、財閥、大資本家を直撃しました。

大内　日本でも、政権与党の支配層の多くを二世議員・三世議員が占めていて、しかも高額の供託金など選挙制度が多くの市民の立候補をきわめて困難にしています。こうした現代の身分制社会を問題にする視点が弱すぎます。

韓国の状況を見て感じるのは、日本における政治文化の変革の必要性です。朴元淳市長は、いかにして市民を政治の主役にするかを実践しています。日本では革新の運動も含めて、市民一人ひとりが政治の主役になるような政治文化をつくっていく意識が希薄だし、集会でも「偉い人」が出てきて、その話を市民が聞くというスタイルが主流です。そうではなくて、市民一人ひとりが参加できる舞台をつくるべきです。革新の側に、税制と社会保障への深い認識と、政治文化をリニューアルする実践が強く求められている気がします。

6 普遍的福祉と応能負担税制

白石　朴元淳市長に対するインタビューで、どうしても私が聞きたかったのが「出かける福祉」でした。その契機は、私の理解では2014年に貧困にあえぐ母子3人が亡くなった事件です（140～142ページ参照）。この出来事に心を痛め、二度と繰り返さないという想いから、政策に発展させたと思っています。また、地下鉄のホームドアの修理をしていた19歳の委託労働者が、電車との間に挟まれて圧死した事故がきっかけで、労働基本政策に労働安全衛生を入れたのです。

首長であれ社長であれ、市民や職員、社員が事故で亡くなったら、「お悔やみ申し上げます。二度とこういうことは起こしません」と言います。でも、そこで終わりがちです。「市長、あなたは本気で政策にまでしましたよね。貧しい母子と委託青年労働者の死をちゃんと受け止めたからこそ、政策にしたのですよね」と尋ね、心の内を知りたいと申し上げたら、市長の私に対する態度が変わったと感じました。「そういうことを聞いていただいた方は初めてです」と。それは、どこに立脚しなければならないのか、どういう政策が必要なのかの原点に関わることに言及したからだと思います。

大内　重要ですね。「人権」や「個人の尊厳」といった政策の原点が問われています。働き方、住宅のあり方、税による再配分と社会保障政策は、一人ひとりの人権や個人の尊厳に関わる。先ほど述べたように、日本は再配分なき政府です。それは、市場経済の弱肉強食が放置されていることを意味します。いまだに、「安全保障は争点になるけど、内政は争点にならない」という趣旨の意見を述べる政治家がいますが、まったくの誤りです。

市場経済によって多くの被害者や犠牲者が、絶えず生み出されています。民主主義の力によって市場経済の問題点を是正することを意味します。一人ひとりの個人の尊厳や命を守ることが、革新側が市民の側に立つとすれば、人権や個人の尊厳を基本に置くことが求められるのです。新自由主義グローバリズムを放置する税制は、その立脚点から批判しなければいけません。

白石　ただ、こういう話をすると、「それって『生活者の政治』で、限られた分野の話ですよね」という言い方もされてしまいます。

大内　いやいや、違いますよ（笑）。根源的な価値を何に置くかという重要なテーマです。

白石　そうなんですよ。

大内　そこがわかっていないからダメなんだと思います。第二次世界大戦後、先進資本主義諸国では豊かさが広がり、中間層が増加して「食べられない」労働者は減り続けました。ところが、グローバル資本主義は中間層を解体し、再び「食べられない」労働者を大量に生み出すようになっています。そして、支配層が「食べられない」のは本人の「自己責任」だと堂々と主張する。生存権や社会権を人びとが獲得してきた20世紀の成果を、グローバル資本主義は一気に奪い去ろうとしています。

こんな状況だからこそ、アメリカでサンダースの主張が支持を集めたのだと思います。あれだけ少数派であるのに、彼が人権や個人の尊厳といった根源的な価値を訴えているからです。このテーマを「生活者の政治」と限定的に捉えるのは矮小化であるし、まったくの誤りだと思います。

白石　「所得制限を設けずに、すべての子どもを応援」と、子育て政策を全面的に進めている明石市（兵庫県）の泉房穂市長はどうですか？

大内　いい線いってますね。

白石　ポイントを押さえてますよね。

大内　だから注目されているんです。明石市政は、障がい者政策、保育や子どもの教育費・医療費などについて、普遍主義的な方向をとっています。

白石　明らかに普遍主義志向ですよね。

大内　これまでの政策の限界を超えて、普遍主義志向の政策である点に可能性があると思います。

白石　野洲市（滋賀県）の山仲善彰市長も、一度直接お話をうかがいましたが、同じ発想です。現在の首長と連携するとしたら、この２人が面白いんじゃないかと思います。

大内　ポイントは普遍的福祉と応能負担税制です。日本型雇用の給与体系を前提にしないとすれば、教育と住宅政策は変わらざるを得ません。それは自治体と政府の役割であるという認識が重要ですね。

明石市は低成長と人口減少時代という社会の変化を踏まえたうえで、自治体政策を進めているようにみえます。子育て支援が人口増を促し、それが市の内需や税収に良い影響を与えるということも意識されています。グローバル資本主義下の貧困層の増加と中間層の解体に対して、自治体や政府が対抗策を積極的に打ち出すことが重要でしょう。

白石　ただ、「そんなこと言ったって、ヨーロッパには移民問題があるし、失業者だって増えている。果たして、普遍主義、社会民主主義がそんなにいいのですか」という声が一方ではあるじゃないですか。

大内　現在のヨーロッパ諸国が理想的な社会を実現しているとは思いません。しかし、超大国のアメリカや中国、あるいは急速に発展していると言われる新興諸国と比較して、言論の自由や民主主義の程度、社会の平等化の水準、排外主義の程度などを考えれば、ヨーロッパ諸国がさまざまな点で「よりまし」な社会であることは明らかだと思います。その点では私は、優れた政治経済学者で社会活動家でもあるスーザン・ジョージと同意見ですね。

グローバル資本主義は、戦後に確立したヨーロッパの福祉国家を大きく揺るがしていることは確かです。イギリスにおけるサッチャーの登場からも明らかなように、ヨーロッパの福祉国家や社会民主主義は苦戦を強いられています。それでも、コービンの勝利に見られるように、新たな社会民主主義が台頭しています。

ピケティの議論は、一国単位の福祉国家や社会民主主義の限界を乗り越える試みです。グローバル資本課税をはじめ、国境を越えた再配分のあり方が模索されています。ここにもヨーロッパにおける社会民主主義の根強さを見ることができるでしょう。

少なくとも大陸ヨーロッパは、グローバル資本主義に対する一定の抵抗力を現在でも有しています。EUには市場型ヨーロッパを推進する勢力がいる一方で、ヨーロッパ単位の社会民主主義を志向する対抗勢力が存在しています。ですから、グローバル資本主義の暴走は許していない。超軍事大国のアメリカ、厳しい言論統制を行っている中国は、ともに貧富の格差がとても大きい社会でもあります。両者をヨーロッパ諸国よりも優れた社会とは呼べないでしょう。

7 再配分政策による「貧困と格差」の是正をどう実現するか

白石　韓国は明確に福祉国家へとスタートを切った感じです。ソウル市の労働政策をほぼ全面的につくっている、まだ40代の若い研究員と話したとき、彼はこう言いました。「文在寅政権は橋渡し、つなぎの政権です。本格的には次の政権です」。「それは福祉国家？」と聞いたら、「そうです」と。ソウル市の実践によって、目指すべき方向がつかめてきたのが、いまの韓国です。

大内　市民に一定の豊かさを保証するという先進資本主義国のこれまでの建前が、若年層については維持できなくなっているのが、グローバル資本主義下のイギリスやアメリカの現状です。それは一定のレベルで体制の危機を示していて、だからこそサンダースやコービンが台頭している。世界的にも同様の状況で、資本主義自体が混迷状態に入っているという認識が広がりつつあります。

白石　ＩＭＦが２０１７年10月11日に公表したリポート「財政モニター」が話題になっています。ＩＭＦはこれまで各国で、大企業や高所得層を優遇し、公共サービスの切り捨てを迫る政策を推進してきました。ところが、このリポートは富裕層への増税や教育・医療への支出拡大を打ち出しています。「不平等問題への取り組み」を柱に掲げ、格差や貧困を放置していては、経済成長は望めないと指摘。富の再配分が必要だと述べ、①最高税率の引き上げと所得の移転、②全国民向けのベーシックインカム（最低生活保障）の導入、③教育と医療への公共支出増加を提起しました。

そして、ＯＥＣＤ諸国では、所得税の最高税率が平均62％（１９８１年）から35％（２０１５年）へ低下し、二極化が進行するなど弊害が目立つと分析しています。先進国の富裕層に対しては最高税率を引き上げる余地があると述べ、利子やキャピタルゲインへの課税強化も提起している。ＩＭＦはこれまで公共サービスの民営化や削減を押し付けてきましたから、びっくりです。

大内　資本主義を何としても維持したい体制側も、危機を感じています。ここまで貧困化と中間層の解体が進んだら、資本主義の正当性自体が危うくなるでしょう。ピケティは、グローバル資本主義による格差の拡大について重要な問題提起を行っています。このまま格差の拡大を放置すれば社会秩序の維持が困難となり、それは世界戦争という結果をもたらすだろう、というのがピケティの予測です。移民・難民問題の拡大やテロの多発など、ヨーロッパで現在起きている事態は、ある種の「戦争」と見ることもできます。ピケティの予測がすでに当たりつつあると考えることもできるでしょう。

白石　そうですよ。

大内　ですから、再配分政策による「貧困と格差」の是正が絶対に必要です。それなしに、民族間・人種間の争いを鎮静化させられないでしょう。グローバル資本主義に対して、根本的な批判を実践しなければ社会は深刻な危機に陥るということを、日本の革新側がしっかり認識することが大事です。

白石　おっしゃるとおりですね。

大内　普遍的福祉の必要性を認識したうえで、いかなる税制、またいかなるプロセスでそれを実現するかが、重要な課題です。プロセスごとに多くの人びととの合意が必要ですから。日本はこの分野についてはトレーニング不足です。日本型雇用を前提にこれまではやってきたのですから。

どの分野から脱商品化(無償化)していくのかという、社会改造へ向けての構想力と計画が必要です。最低賃金の抜本的上昇(全国一律時給1000円の即時実施、その後に1500円の実現)と「教育・住宅・医療・介護・保育」の5領域の脱商品化が、目指すべき方向となります。そこへ向けてのプロセスが課題です。

白石　ソウル市政を見ていてすごいなと思うのは、基本政策と基本計画がしっかり策定されている。そのうえで、条例と規則を制定する。それから人と組織を見出す、つくる。つまり、実行できる人材を見出し、実施組織をつくる。たとえば、洞住民センターのような現場で政策を実現する組織や中間支援組織です。それも、完全な直営ではない。むしろ在野の社会福祉専門家や非正規職の専門家がいる組織とコラボする。そこは業務委託です。そのほうが蓄積と信頼があるから。こうした方法がどの政策分野でも確立されています。だから、政策がきちんと実施される。そこがすごいですね。

大内　政策実現のための人材をどう確保していくかと、実現過程の公開と検証のプロセスが重要でしょう。日本では税制を含めて市民の認識が十分ではありませんから、一緒に学びながら進めていかないと、うまくいかない気がします。民主主義の実現にとって主権者の学習が必要であることが、ここでも明確ですね。

白石　第7章で紹介した韓国最大規模の市民社会団体である参与連帯では、学者・研究者が運動や社会貢献のために、自分の研究や時間を提供し、社会奉仕しています。韓国と日本の違いのひとつです。場合によっては、国会議員になったり、市役所や政権に補佐官・協力官・調査官などで入っていきます。一方で、「日本は学会が体制内化し、大学の管理が強まっている」と言ったら、「韓国も似たような問題があり、補助金で締め付けられたりする」という答えが返ってきました。つまり、韓国の場合は市民社会運動分野に関わる学者・研究者の層が明らかに厚いから、政治や行政の内部に入ることが可能になっているわけです。

大内　日本では、大学の研究者も含めて言論セクターが相当やられていて厳しい状況ですね。層として残っているのは弁護士だけでしょう。

白石　たしかに。

大内　とくに、労働問題に取り組む弁護士が貴重な存在になっています。彼らは専門能力をもち、貧困化する社会の現実に研究者より触れ合っていることが多いです。私も奨学金やブラックバイトの問題で、労働問題に取り組む弁護士との連携を意識的に進めてきました。今後は、弁護士以外に社会を変えていける担い手を新たに生み出せるような空間づくりが、とても大事だと思います。

白石　最後に政党についてですが、政権政党である自民党との政策的差別化、どこが違うのかという争点や対抗軸を明示しなければなりません。

大内　そのとおりですね。安倍政権は野党あるいは革新の主張の「つまみ食い」を積極的に行って、世論を幻惑させています。でも、応能負担の税制と普遍的福祉という体系的な社会民主主義政策は絶対に行いません。

白石　やらないですね。

大内　やらない。個別政策や部分的改善でお茶を濁します。

白石　保育にせよ教育にせよ、途中で必ずごまかしてきますものね。

大内　ですから、野党側が金融取引課税や富裕層課税の強化、所得税の累進性強化、法人課税の強化など応能負担の税制によって財源を確保し、教育・住宅・医療・介護・保育の領域における普遍的福祉を進めていく政策をパッケージとして出せば、必ず対抗軸になるのです。それをやらないかぎり、「つまみ食い」政策に幻惑され続けることになります。

白石　だから、私たちが「これウソだ、インチキだ」と批判し切らないといけません。

大内　現状では批判し切れていません。「保育料は所得額によって違ってもいい」という考え方が払拭されていませんから。

白石　やっぱり財源ないからね、と。

大内　一気に実現は困難ですからプロセスは必要ですけれど、「教育・住宅・医療・介護・保育の原則無償化と応能負担の税制」と言い切れなければいけません。それが言い切れていないことが、大きな弱点です。

白石　政党がそれをきちんと主張すれば、貧困層に加えて、解体されつつある中間層も含めた支持を得られるのではないでしょうか。世代間対立や貧困層と中間層の対立を克服する方向を示す必要がありますね。

大内　そうですね。新自由主義グローバリズムによる貧困層の増加と中間層の解体が進むなかで、全体としてどんな税制と社会保障を実施すれば平等化が実現するのかを明確に示すことが必要です。個別バラバラではダメです。全体を示したうえで、途中の実施プロセスについても人びとの合意を得ていく。それがなければ、世代間対立や貧困層と中間層の対立によって、普遍的福祉への歩みを進めることはできないでしょう。政党は、いまこそ基本方向を有権者に示すべきです。

白石　ありがとうございました。

〈参考文献〉


オーウェン・ジョーンズ著、依田卓巳訳『チャヴ――弱者を敵視する社会』海と月社、２０１７年。

大内裕和『ブラックバイトに騙されるな！』集英社クリエイティブ、２０１６年。

大内裕和『奨学金が日本を滅ぼす』朝日新聞出版、２０１７年。

大内裕和・竹信三恵子『「全身○活」時代――就活・婚活・保活からみる社会論』青土社、２０１４年。

スーザン・ジョージ著、杉村昌昭・真田満訳『オルター・グローバリゼーション宣言――もう一つの社会は可能だ！もし……』作品社、２００４年。

トマ・ピケティ著、山形浩生他訳『21世紀の資本』みすず書房、２０１４年。

バーニー・サンダース著、萩原伸次郎訳『バーニー・サンダース自伝』大月書店、２０１６年。

長谷川貴彦『イギリス現代史』岩波書店、２０１７年。

ブレイディみかこ『労働者階級の反乱――地べたから見た英国EU離脱』光文社、２０１７年。

あとがき

本書の出版は、鈴木明さんと脇田滋さんの存在なくしてはありえません。お二人に最大の感謝を表します。

鈴木明さんは、日本で労災職業病をなくす運動に携われた後、１９９０年代から韓国に居を移し、労働運動や労災運動のかたわら、通訳や翻訳などをされています。私は97年ごろから韓国版マイナンバー制度や非正規労働運動の調査や交流を進める際、通訳に加えて、訪問先の選定や連絡、調整までしていただいており、彼の存在なくしては何も進まないほどお世話になってきました。

脇田滋龍谷大学名誉教授は、ソウル市をはじめとした韓国語の情報や資料を実にスピーディかつタイムリーに訳されています。サバイバルレベルにも達していない私の韓国語では、到底得られない情報をいただいてきました。本書でも、要所で使わせていただいています。

私は１９８７年から、韓国のほか、児童教育支援などでタイやラオスに頻繁に通っています。30年間の蓄積は、意識や目線の転換につながりました。日本を内からしか見ていないと、発想も見方も日本中心になりがちです。海外に出ると、民族や国、地域の違いがよく見えてきます。その結果、違うのが当たり前であり、その違いから出発して、どうしたら連帯、交流、つまり双方向の行き来ができるようになるか、という思考や感覚が身についてくる。この転換が、日本で社会運動に関わる姿勢に反映されたと自負もしています。

ソウルの金浦空港や仁川空港、バンコクのスワンナプーム空港、ビエンチャンのワッタイ空港に降り立つと、「帰って来たよー」という空気に包まれます。この皮膚感覚がとてもいいんですね。民族や言葉は異なっても、長く交流し、同じ方向で協働している連帯感に包まれる瞬間です。

第1章でも書きましたが、私は韓国・朝鮮の専門家や研究者ではありません。しかし、何としても現在の韓国の政治や自治体の新たな取り組みとその意義を日本に伝えたいという思いでいたところ、PARC（NPO法人アジア太平洋資料センター）理事会でお世話になったコモンズの大江正章社長からお誘いいただきました。

日本では韓国について、あまりにもフィルターがかかった主観的報道や書籍が多く、事実が正確に伝えられていません。評価は読者に委ねるとして、まず事実を知っていただきたいと考え、構成を考えました。そのとき重視したのは、日本社会をこれからどうしていくかの手がかりとして受けとめてほしいという思いです。朴元淳市政や文在寅政権の論評や分析に力点を置くのではなく、自分は、自分たちは何をするのか、一人称で語ろうではありませんか。

文字化する際に悩んだのは、言葉の置き換え（翻訳）です。韓国と日本とは共通する言葉や思考が多くある一方で、似て非なるものもあります。完全に日本語にすると、やや違和感が残る言葉もあります。編集者のご意見もあり、原則的には置き換えましたが、最後まで悩みました。実は、私の曽祖父は明治20年代に「明治の翻訳王」と呼ばれた森田思軒（ジュール・ベルヌの『十五少年漂流記』やビクトル・ユゴーの作品などを翻訳）です。彼の仕事にも手がかりを求めました。それにしても、難しいテーマです。

最後になりましたが、NPO法人官製ワーキングプア研究会のメンバーとして継続してソウル市政調査を進め、本書でも執筆していただいた竹信三恵子さん、上林陽治さん、そして社会運動を共に進める仲間でもある大内裕和さん、インタビューや転載をご承諾いただいた朴元淳市長と岩波書店『世界』編集部に、感謝申し上げます。本書は協働作業の成果と改めて痛感しました。

２０１８年3月

白石　孝

白石　孝（しらいし・たかし）編著者紹介を参照

朴　元淳（パク・ウォンスン、박원순）
1956年生まれ。弁護士、社会運動家を経て、ソウル特別市長(2011年10月27日就任、現在2期目)。1975年にソウル大学へ入学するが、朴正熙政権への反対運動で拘束され、除籍。1985年、檀国大学校卒業。参与連帯や希望製作所を設立し、2006年にマグサイサイ賞を受賞。2012年2月、民主統合党(現・共に民主党)に入党した。日本語著書に『韓国市民運動家のまなざし――日本社会の希望を求めて』(風土社、2003年)がある。

上林陽治(かんばやし・ようじ)
1960年生まれ。公益財団法人地方自治総合研究所研究員。主著『非正規公務員の現在――深化する格差』(日本評論社、2015年)、『自立と依存』(共著、公人社、2015年)。

竹信三恵子(たけのぶ・みえこ)
1953年生まれ。ジャーナリスト、和光大学現代人間学部教授。主著『ピケティ入門――『21世紀の資本』の読み方』(金曜日、2014年)、『正社員消滅』(朝日新書、2017年)。

大内裕和(おおうち・ひろかず)
1967年生まれ。中京大学国際教養学部教授。主著『ブラックバイトに騙されるな！』(集英社クリエイティブ、2016年)、『奨学金が日本を滅ぼす』(朝日新書、2017年)。

【編著者紹介】

白石　孝(しらいし・たかし)

1950年生まれ、NPO法人官製ワーキングプア研究会理事長、NPO法人日本ラオス子どもの未来理事長、荒川区職員労働組合顧問(前書記長)。

1974年に荒川区に入区し、2000年～11年3月まで職員団体書記長をつとめるとともに、自治のあり方、国民総背番号制、多文化共生など幅広く活動してきた。2009年4月には自治労や自治労連などに所属する労働組合と連携して「なくそう！官製ワーキングプア～反貧困集会」を開催(以後、毎年開催)。あわせて、1990年代から韓国の非正規労働に関する調査と交流を進め、2012年以降はソウル市政の調査・研究、日本への紹介を精力的に行っている。

主著＝『知っていますか？個人情報と人権』(解放出版社、2006年)、『なくそう！官製ワーキングプア』(共著、日本評論社、2010年)、『マイナンバー制度――番号管理から住民を守る』(共著、自治体研究社、2015年)、『個人情報(プライバシー)丸裸のマイナンバーはいらない！』(共著、大月書店、2016年)など。

ソウルの市民民主主義

二〇一八年三月三〇日　初版発行
二〇一九年五月三〇日　3刷発行

写真提供
18・138ページ　ソウル市
39・41・54ページ　退陣行動
63・64・66ページ　鈴木　明
155・170ページ　渡邉由紀子
そのほか　白石　孝

編著者　白石　孝

発行者　大江正章
発行所　コモンズ
東京都新宿区西早稲田二-一六-一五-五〇三
TEL(〇三)六二六五-九六一七
FAX(〇三)六二六五-九六一八
振替　〇〇一一〇-五-四〇〇一二〇
info@commonsonline.co.jp
http://www.commonsonline.co.jp/

印刷・東京創文社／製本・東京美術紙工
乱丁・落丁はお取り替えいたします。
ISBN 978-4-86187-146-7 C 0031